北野佐久子●

イギリスのお菓子
楽しいティータイムめぐり

集英社be文庫

伝統的なお菓子をたずねて、幾度となく訪れている湖水地方

お菓子製作・文・現地写真(一部)／北野佐久子
撮影／奥谷 仁
スタイリスト／久保原恵理
カバー装丁／藤村雅史
本文デザイン／湯浅貴子

本書は『TANTO』誌上で(1999年1月〜2000年12月)掲載された
連載ページと特集記事をもとに、大幅に書き足してまとめたものです。

イギリスのお菓子から出会いが広がる

ハーブ留学をしたときのいわば副産物、それがイギリスのお菓子でした。お菓子作りが大好きだった私が、求めつづけていたお菓子のあり方がイギリスにあったのです。家庭で受け継がれている昔ながらの味、職人さんのようなきれいなお菓子ではないけれど誰でも作れる温かい味、そしてそこからイギリスの文化が見えてくることのおもしろさ。住んでみなければ、またイギリスの友人たちの家庭に迎えてもらわなければ、とうてい出会うことのなかった世界でした。お菓子との出会いはまさしく人とのかけがえのない出会いでもあったのです。

この本は、今は休刊となっている料理誌『TANTO』に2000〜2001年にかけて2年間巻頭ページで連載したものに加えて、イギリス取材の特集も盛り込んで一冊にしたものです。

お菓子の講習会などで出会う方から『TANTO』の記事はすべてスクラップにして大切にしています、といううれしい声をよく聞いていたものですから、まとまった一冊になることは、この上ない喜びです。

　異国のお菓子といえども、それがたとえ未知のものであっても、レシピどおりに作れば味を知ることはできます。けれどもそれだけでは十分にそのお菓子を味わっていることにはならないのではないか、と思うのです。そのお菓子にまつわる背景を知ることによって、その味わいはまったく違うものになるし、お菓子から文化を知ることができたら、それはおなかだけでなく、心まで満たしてくれるものになると思うのです。

　お菓子を作りながらイギリスの行事や文化を楽しむ、人との交わりを楽しむ、目には見えないけれどもそんな日々の暮らしの中にある豊かさを感じていただけたら、そしてイギリスの香りまで届けることができたら、とてもうれしく思います。

ピーターラビットの生誕地、湖水地方には学会のたびに訪れて、第2の故郷のよう

目次

CUSTOMER
CAN PARK
OUTSIDE

第1章

春を告げるお菓子

春らしい蝶のケーキ

「どうやって作ったの」

ケーキの上に蝶が止まったかのようなこのケーキを見ると、多くの人がこんな感嘆の声をあげてくれます。

でも作り方はとっても簡単。

カップケーキを焼いて、上の部分を丸く切り取り、それを半分に切ったものを蝶の羽のようにのせるだけなのですから。

お茶の時間に人を招くことの多いイギリスの主婦は、手品のたねのようにケーキのたねをいくつも持っています。

このカップケーキもそのひとつ。同じカップケーキがあるときはバタフライケーキにもなれば、またあるときは上にピンクや白のアイシングや、チョコレートのトッピングでカラフルに、いくつもの種類に変身してしまうのですから。時間と手間をかけていろいろな種類のケーキを焼いたかのように見えますが、実は同じカップケーキをいくつも焼いただけのことというわけです。

レイコックというナショナルトラストに保存されて、中世の雰囲気そのままに残っている村があります。そこでティールームを開いているマーガレットさんにお菓子作りを習ったときのことです。

マーガレットさんは、このカップケーキを小さなサイズの、いわゆるミニマフィン型で焼きました。その小さなカップケーキに粉砂糖を溶いてアイシングを作り、上にぬります。そのアイシングの上に庭で咲いているビオラやミントなどのハーブを飾ったのです。ガラスのケーキスタンドに並べると、テーブルに春が来たような華やかさと愛らしさが加わるようでした。とても手の込んだケーキに見えるのですが、もとはただのカップケーキというわけです。

バタフライケーキは、羽となる部分を切り抜いたところにクリームを詰めます。蝶にふさわしく、黄色のレモンで作ったレモンカードや、オレンジで作ったオレンジカードを詰めると、味わいとともにさわやかな春の雰囲気が楽しめます。このカードは市販の瓶詰めも売られていますが、やはり手作りの味わいが一番。バターと卵、砂糖にレモンかオレンジの絞り汁を用意すれば簡単に作れるので、ぜひホームメイドの味をお試しください。

バタフライケーキ

バタフライケーキ

手のひらサイズのかわいらしいミニケーキ

材料（直径6㎝のマフィン型10個分）

バター（食塩不使用）・グラニュー糖 ‥各110g
卵 …………………………………… 2個
薄力粉 ……………………………175g
ベーキングパウダー ……………小さじ1
塩 ……………………………ひとつまみ
オレンジの絞り汁 ………………大さじ1

オレンジカード
オレンジの絞り汁 …………………1個分
レモンの絞り汁 ……………………½個分
グラニュー糖 ………………………40g
卵 …………………………………… 2個
バター（食塩不使用） ……………50g

仕上げ用
生クリーム ………………………100cc
オレンジ ……………………………1個
コアントロー ……………………小さじ2

←ミニマフィンに飾りつけをするマーガレットさん。摘みたてのハーブや花がよい香り

→黄色いカーペットを敷き詰めたように咲く水仙。明るい黄色が待ち焦がれた春の色

作り方
❶オレンジカードを作る。

ボウルにオレンジ、レモンの絞り汁、グラニュー糖、卵を入れ、よく混ぜる。そこに室温にもどしたバターを小さく切って加える。ボウルの底を湯に当て、木べらで絶えず混ぜながら、約10分くらいもったりするまで湯せんにかける。湯せんからおろしたら、膜が張らないようにときどき混ぜながら完全に冷ます。

❷オレンジカードを冷ましている間にケーキを焼く。マフィン型にカップケーキ用の紙ケースを敷く。ボウルに室温にもどしたバターを入れ、グラニュー糖を加えて泡立て器でふわふわになるまですり混ぜる。卵を溶いて少しずつ加えてすり混ぜ、さらにオレンジの絞り汁も加えてさらに混ぜる。合わせてふるっておいた粉類を加えてゴムべらで切るように混ぜる。

❸用意しておいたマフィン型に②を八分目くらいまで入れ、190℃に温めておいたオーブンで15〜20分こんがりと焼き色がつき、竹串を刺して何もついてこなくなるまで焼く。焼き上がったら網にとって冷ます。

❹ケーキの真ん中を円錐形になるように丸くくりぬき、くりぬいた部分は半分に切っておく。

❺オレンジは果肉だけを房から取り出し、ひと房を３等分くらいに小さく切り、コアントローをかけておく。生クリームを八分立てにしたものを、オレンジカードのでき上がりの⅓量とオレンジを合わせたボウルに加えてよく混ぜる。

❻ケーキのくりぬいた部分に⑤をスプーンで詰める。半分に切ったケーキを蝶の羽に見立てて差し込むようにのせる。

❼仕上げに粉砂糖（分量外）をふりかける。残りのオレンジカードは密閉容器に入れて冷蔵庫で２、３日は保存できる（熱いうちに煮沸した瓶に入れ、冷めてからロウ紙をのせ、ふたをして冷蔵庫に入れれば１カ月くらいは保存できる）。トーストにつけたり、スポンジケーキなどにはさんでもおいしい。オレンジの絞り汁をレモンに代えればレモンカードになる。

ホットクロス・バンズ

ホットクロス・バンズ

悪霊を遠ざけるイギリスの春らしい味わい

材料（12個分）

強力粉 ………………………………… 450g
塩 ………………………………… 小さじ1
シナモン ………………………… 小さじ½
ナツメグ ………………………… 小さじ¼
ドライイースト
（インスタントタイプ）…………… 小さじ2
グラニュー糖 ……………………… 50g
レーズン ………………………… 100g
ミックスピール
オレンジピール・レモンピール …… 各50g
牛乳（人肌に温める）…………… 150cc
湯 ……………………………… 40〜55cc
卵 …………………………………… 1個
バター（食塩不使用）…………… 50g
クロス用生地
薄力粉 ……………………………… 40g
砂糖・冷水 …………………… 各大さじ1
仕上げ用シロップ
砂糖・湯 ……………………… 各大さじ2

↑ウィンブルドンの街角のパン屋さん。焼きたてのホットクロス・バンズが並ぶ

↓春は小羊の生まれる季節。緑の中を駆け回る姿が愛らしい光景

作り方
❶強力粉、塩、スパイスを合わせてふるいボウルに入れる。イースト、グラニュー糖、レーズン、ミックスピールを混ぜる。真ん中をくぼませ、牛乳、湯を入れ、続いてほぐした卵、溶かしたバターを加える。
❷全体をよく混ぜ、手につかなくなったら（水分が足りないようなら加える）、台に取り出し、しなやかになるまで六分くらい練る。
❸サラダ油（分量外）を薄くぬったボウルに②を丸くひとまとめにして入れ、生地が２倍になるまで発酵させる（約１時間30分かかる）。
❹生地を12個に分け、十分なスペースをとって天板におく。中央を十字に切り込みを入れる。倍に大きくなるまで発酵させる（約30分かかる）。
❺クロス用の生地は、ふるった薄力粉に砂糖と冷水を加えて練る。絞り袋に入れる。
❻発酵した生地のナイフの切れ目の上に⑤を細く絞り出す。220℃の天火で15分くらい焼く。
❼焼いている間に仕上げ用のシロップを作る。砂糖と湯を合わせて砂糖が溶けるまで火にかける。
❽焼きたてのバンズにハケで仕上げ用のシロップをぬってでき上がり。

＊発酵の時間は電子レンジの発酵機能を利用したもの。機種によって異なるので、時間は目安にしてください。

行列のできるパン屋さん

キリストの復活を祝う復活祭・イースターは、クリスマスと並ぶ大きな教会行事であり、またそれは春の再来を祝うお祭りでもあります。

イースターは3月21日（春分の日）以降の満月のあとに来る最初の日曜日と定められ、毎年3月22日から4月25日の間に当たるという移動祝祭日です。イギリスではキリスト受難の日という聖金曜日・グッドフライデーからイースター・マンデーの月曜日まで4日間の祝日となります。

その春のお祭り、イースターが近づく季節になると街角のパン屋さん、スーパーの棚に並ぶのが、このホットクロス・バンズ。このパンを見かけると、「春が来るんだな」とうれしい気分になったものでした。

名前にもクロスとあるように、十字がついているのが特徴。これは、歴史をさかのぼると、中世の時代にパン屋さんが悪霊を遠ざけ、パンがよく発酵するようにと、すべてのパンに十字の印をつけた習慣に由来しています。

キリスト教と結びついてからは、キリストが十字架にかけられた日であるグッドフライデー（イースターサンデー直前の金曜日）の朝にその痛みを思い出すために食べる習慣となって残っているのです。

私が住んでいたウィンブルドンの町にあるパン屋さんにも、グッドフライデーには、お休みの日だというのに朝早くからこのパンを買うための行列ができていました。その店では焼きたてを販売しているため、朝早くに行ってあつあつのホットクロスバンを買えば、朝食に間に合うというわけです。レーズンやピール類、シナモンなどのスパイスがきいた香りのよい生地に小麦粉の練り粉で十字架をのせて焼いたパン。そもそもは大きな丸型で焼く習慣だったとのこと。今では小さくひとつずつ焼いたものが主流です。

ミニホットクロスバンと称してさらに食べやすい小さなサイズのものも見かけるようになりました。食べるときは温かい内に横にふたつに切ってバターをぬって食べるか、切った面を上にしてこんがりとトーストし、バターをしみこむくらいにたっぷりとぬっていただきます。

イギリスの春の味です。

質実なイギリス人はピクニック好き！

わが家には「ハロッズ」のセールで買い求めたピクニック・バスケットがあります。トランク型が知られていますが、わが家のものはふたの部分に皿とフォークが収まり、縦型の本体には食べ物の容器が積み重ねて入れられます。また外側には瓶や水筒を入れるところもあり、機能的なところが気に入っています。

ピクニックにはこの籐製のバスケットが欠かせません。イギリスでピクニックが習慣として一般に定着したのが19世紀後半以降とのこと。その当初からこの籐製のバスケットはピクニックに利用されていました。

そもそもピクニックは中産階級が経済的繁栄から裕福になり、余暇が楽しめるようになってから生まれたものです。特に遠くに行くというのではなく、身近にある豊かな自然を家族や友人たちと楽しむ目的でピクニックが日常生活に取り入れられていったのです。また自然を求めるだけでなく、ガーデンめぐりでも野外コンサートでも、それらの見物がピクニックとなるのです。

ロンドンの北、ハムステッドの池を囲んで行われる野外コンサートには、私もバスケットを持って出かけました。7時過ぎから始まるというのに、5時ごろからバスケットを片手にさげた家族連れがやって来るのには驚きました。このコンサートは芝生の上で飲んだり、食べたり、寝そべったりして聴けるカジュアルなものなので、音楽のためというより、人々はコンサートという機会を利用して、家族とともにピクニックを楽しむことを目的にして集まってくるのです。

質実剛健なイギリスの人たちのこと、行く先で浪費をしないように必要な食べ物や飲み物はすべてバスケットに入れて出かけます。節約ももちろんですが、むしろその準備を楽しんでいるようにさえ思えます。ローストチキンやチーズ、サラダにパン、ワインやビールなどの飲み物がバスケットに用意されます。お茶の時間にはポットに入れていったお湯でいれる紅茶にホームメイドのケーキ。

ケーキといえば、トレイベーク・ケーキが大活躍。トレイに焼いてからあとで小さく切り分けるケーキのことですが、くずれにくいことからピクニックには人気なのです。トレイに流して焼くので、作るのが簡単なのも大きな魅力。

5月にはフランスから運ばれて来るチェリーを焼き込んだり、ブルーベリーを入れたり、リンゴを入れたりと季節のフルーツを入れて焼くのが楽しみでした。

チェリー・トレイケーキ

トレイに焼いて小さく切り分けるので超簡単！

材料（20cmの角型1個分）

バター（食塩不使用）……………… 170g
グラニュー糖 …………………… 250g
卵 ……………………………… 3個
サワークリーム ………………… 150cc
薄力粉 ………………………… 250g
ベーキングパウダー …………… 小さじ1
塩 ………………………… ひとつまみ
カルダモン（粉末またはさやからだしてつぶしたもの）…………………… 小さじ$\frac{1}{4}$
チェリー（生、または冷凍のもの）… 200g

作り方

❶型にはバター（分量外）をぬり、底にベーキングシートを敷いておく。オーブンは180℃に温めておく。ボウルにやわらかくしたバターを入れ、泡立て器でクリーム状にしたところにグラニュー糖を加えてふわふわになるまですり混ぜる。溶いた卵を少しずつ加えてよくすり混ぜる。サワークリームも加えてよく混ぜておく。
❷あらかじめ合わせてふるった薄力粉、ベーキングパウダー、カルダモンを加え、ゴムべらで全体を大きく切るように混ぜる。
❸用意した型に②の半量をまず入れて、平らにしたところにチェリーを並べる。その上に残りの②をかぶせて平らにする。
❹温めておいたオーブンに入れ、約45分竹串を刺してみて何もついてこなくなるまで焼く。焼けたら金網にだし、底のベーキングシートをはがし、冷ます。好みの大きさに切る（写真は16等分に切ったもの）。

Zucker

町を飾るイースターを祝うお菓子

キリストの復活を祝うイースターは、そもそもは春の再来を祝うお祭りでした。イースターという言葉そのもの自体、暁の女神エオストラ（EOSTRA）にちなんでつけられ、春の再来を祝うゲルマン民族の古いお祭りでした。長く、暗い冬の眠りからさめる春の生命を祝うというこのお祭りの由来が、今も伝わるイースターのお菓子に残っています。

春の新たな生命、そこから子孫繁栄ということで、レーズンなどのフルーツの実が使われます。またシナモンやクローブなどのスパイス類を使うことも同じ理由からと思われます。

そのことからイースタービスケットにも、カラントと呼ばれる小粒の干しブドウ、そしてシナモンの風味が生かされています。このイースタービスケットは、三位一体（神、キリスト、聖霊を一体とみる三位一体説のこと）を表すために3枚をひと組にしてリボンなどで結んで供するのが特徴。ロンドンにある紅茶で有名な老舗「フォートナム・メイソン」には、イースターの季節になると大きな丸型で焼いたイースタービスケット3枚を淡いピンクのリボンで結んだものが並びます。あまりの愛らしさに、自分でも焼けるというのに買い求めてしまったこともありました。

イースターに付き物のお菓子といえば、シムネルケーキもそのひとつ。レーズンやスパイスがたっぷりと入るのはイースタービスケットと同じ理由から。そのデコレーションに特徴があります。

キリストに仕えた十二使徒を表すために、マジパンで12個の小さなボールを作り、ケーキの上に飾るのです。キリストに背いた使徒のひとり、ユダを入れるかどうかでその数が11個になったり、12個になったりするのです。

暁の女神・エオストラに仕える動物がウサギ、そのウサギが持ってくるものとして生命の再生の象徴である卵も欠かせません。子どもたちが、美しく彩色したゆで卵を野原に隠して探したり、丘の上から転がすという風習も春のお祭りの名残ですが、今でも受け継がれて残っています。

卵はゆで卵ばかりでなく、色とりどりの銀紙で包まれたチョコレートの卵もこの季節を華やかに飾る楽しみです。

イースタービスケット

春の新たな命を祝うスパイスのきいたお菓子

材料 直径6㎝の菊型約20枚分

バター（食塩不使用）…… 120ｇ
グラニュー糖 …………… 120ｇ
薄力粉 …………………… 240ｇ
シナモン ……………… 小さじ1
塩 ………………… ひとつまみ
卵 ……………………… 1個
カラント ………………… 50ｇ
仕上げ用グラニュー糖・牛乳
…………………………… 各適量

作り方

❶やわらかくしたバターを泡立て器でクリーム状に練り、グラニュー糖を数回に分けて加えて、よくすり混ぜる。
❷卵を割りほぐし、①に少しずつ加えて、混ぜる。
❸シナモンと塩、薄力粉を合わせてふるったもの、カラントを加え、へらで切るように混ぜる。
❹めん棒で3、4㎜厚さにのばし、菊型で抜く。天板に並べ、生地の表面に牛乳をハケでぬり、グラニュー糖をふりかける。あらかじめ180℃に温めておいたオーブンで15〜20分、うっすらと色づく程度に焼く。

イースターのお茶の時間を飾るシムネルケーキ。マジパン製の水仙も春らしい

第2章

夏を満喫するお菓子

シャンパン・チーズケーキ

シャンパンと甘酸っぱいイチゴの組み合わせが、大人の味

シャンパン・チーズケーキ

「pick your own」(ピック・ユア・オウン) で摘んだ露地イチゴは夏の味

材料

材料(直径18cmの丸型1台分　底が抜けるものが望ましい)

＊ベース

小麦胚芽入りビスケット……………100g
バター(食塩不使用)…………………50g

＊フィリング

マスカルポーネ・チーズ……………250g
グラニュー糖…………………………80g
卵黄………………………………3個分
ゼラチン(リーフ状のもの)　6枚(1枚1.5gのもの)
シャンパン(またはスパークリングワイン)……………………………………90cc
飾り用イチゴ(小粒のもの)…1～1½パック

イチゴのソース

イチゴ…………………200g(約½パック)
グラニュー糖………………………大さじ2

作り方 ❶まずベースを作る。ビニール袋にビスケットを入れ、めん棒で上から押して細かく砕く。ボウルに移し、あらかじめ電子レンジで溶かしておいたバターを加えて混ぜる。型の底にスプーンで平らに敷き詰める。フィリングができるまで冷蔵庫に入れる。
❷フィリングを作る。ゼラチンはたっぷりの水に3分ほどひたし、やわらかくなったら水をきり、湯せんにかけて溶かす。ボウルに卵黄、グラニュー糖を入れ、泡立て器で混ぜながら、白っぽく、もったりとするまで湯せんにかける。湯せんからおろしてマスカルポーネ、シャンパン、溶かしたゼラチンを順に加えてよく混ぜる。
❸冷蔵庫に入れておいた型をだして、ベースの上に②を表面が平らになるように流し入れる。冷蔵庫で1～2時間冷やし固める。
❹ソースを作る。イチゴは洗って水気をよくきり、ボウルに入れてグラニュー糖をまぶし、そのまま30分おく。これをフードプロセッサー、またはミキサーにかけてピューレ状にし、一度金網ザルを通して種を取り除く。
❺型からだしたチーズケーキの上に洗ってよく水気をきったイチゴを並べ、その上から④のソースをかける。あればミントの葉(分量外)を飾る。残ったソースは供するときに添える。

ウィンブルドン・テニスの名物、クリーム・ストロベリー。クリームがたっぷり

ウィンブルドン・テニス名物

アスコット競馬、ボートレースのヘンリーレガッタ、野外オペラや音楽会などさわやかなイギリスの6月は野外の楽しみがめじろ押し。

私にとって何といってもなじみ深いのは、ウィンブルドン・テニス。テニスの大会の行われるオール・イングランド・ローンテニスクラブから歩いて10分ほどのフラットに4年間住みました。テレビで試合の席が空いているのを確かめてから、バスケットに水筒やお菓子を詰めて、夫とふたりで歩いて観戦に行ったことを今も懐かしく思い出します。

試合の行われる6月末から2週間、いつもは静かな住宅街であるウィンブルドンの町がお祭り気分一色に変わります。ちなみにローンテニスの第1回選手権が開かれたのは100年以上もさかのぼること1877年。当時は男子のみで、女子が加わったのは1884年のこと。歴史のある大会であることがわかります。

そういえば今ではアガシ選手のパートナーとなっているグラフ選手が、ウィンブルドン・ビレッジの中華料理店で食事しているところを見かけたり、優勝決定戦で惜しくも準優勝になったベッカー選手を偶然現れたイタリアンレストランで、ほかのお客さんとともに拍手で出迎えたりしたことなどもありましたっけ。

お祭り気分といえば、この時期のスポーツ観戦は社交の場でもあり、そこで欠かせない飲み物はシャンパン。ちょうどこの時期に出回る露地イチゴもウィンブルドンの名物。特に「エルサンタ」という品種のイチゴが旬を迎え、このイチゴにクリームをかけたストロベリー&クリームはイギリスの夏の風物詩。ウィンブルドン・テニスの場内で会期中に消費されるイチゴは23トンにものぼるとか。試合の始まるのは午後からなので、会場内のレストランでコースのランチを楽しんだこともありました。ちなみにサーモンは12トンが食され、紅茶は28万5000杯が飲まれ、シャンパンは1万2500本が開けられるとのこと。

そのランチのデザートに運ばれたチーズケーキは、ウィンブルドン・テニスを象徴するようなシャンパンとイチゴをふんだんに使ったものでした。

その味に感動して以来、今もイギリスのイチゴのように小粒で酸味のあるイチゴが大好きです。ウィンブルドンの季節になると、そんなイチゴを見つけてはこのケーキを作るのです。

ベリーは、イギリスの夏の味

真紅に輝くラズベリー、レッドカラント、シックなワインレッドのブラックベリー、淡い緑色が美しいグーズベリー。まるで宝石のように美しいベリーがスーパーマーケットや露天の八百屋さんの店先を彩ります。暗く長い冬を考えると、ベリーはきらきらと輝く太陽の恵みそのものという感じがします。

そのベリーを畑で摘めるのが「pick your own」(ピック・ユア・オウン)。「おなかをいっぱいにしない程度ならつまみ食いも許すよ」などと書かれた看板が畑に立てられて、イギリス人ならではのユーモアに笑いがこぼれます。摘みながら太陽の恵みをいっぱいに受けたベリーを味わうのも、このピック・ユア・オウンのお楽しみなのですから。

入り口でプラスチック製のバスケットをもらって、いざ畑へ。摘んだベリーは最後に秤にかけて代金を払うというしくみです。週末には一家そろってベリー摘みをする姿があちらこちらに見かけられます。

ある日のこと、ラズベリーを摘んでいると、茂みの向こうからかわいい声が聞こえてきました。

「この摘んだラズベリーで君のママは何を作ってくれるの？」

「ラズベリー・フールを今日のデザートに作ってくれるって」

「僕のうちはサマープディング。毎年必ず作ってくれるんだ」

こんな幼い男の子どうしの会話の中に、イギリス人家庭の内側をかいま見たような気がしました。どちらも昔ながらの伝統的な家庭の味ですが、こうしてベリー摘みを手伝いながら、昔ながらの味が受け継がれていくことに、心が温かくなる思いがしたのです。

そのサマープディングの特徴は食パンを型のまわりに貼り付けて、パイ皮の代わりにすること。中がこぼれないように重ね合わせるようにして貼り付けることと、上に重しをのせてひと晩ねかせることです。

火を使うのはベリー類を煮るときだけですから、暑い季節でも手軽に作れるのも魅力です。ベリーの酸味をまろやかにする生クリームをかけて、白とピンクが混ざり合う色合いを楽しみながら季節を味わいます。

サマープディング

畑で摘んだベリーで作る太陽の味

材料（900mℓ入る容器１個分）

サンドイッチ用食パン …12枚
レッドカラント、ブラックカラント、ブラックベリーなど合わせて ……500ｇ
ラズベリー、イチゴ合わせて ……………………250ｇ
グラニュー糖 ……100ｇ
生クリーム ………200cc

作り方

❶パンはみみを切り落とし、１枚は型の底に合わせて丸く切り、７枚は型の深さに合わせて切り、ふた用の４枚は縁に合わせて丸く切ります。
❷ラズベリー、イチゴを除いた果物をグラニュー糖をまぶすようにしてさっと煮ます。ラズベリー、イチゴを加えて冷まします。
❸②の煮汁をバットに取り分け、その汁にパンをひたしながら型に敷き込んでいきます。まず、底用の丸く切ったパンを敷き、側面は端が少し重なるように貼り付けていきます。
❹パンを敷いた中に②のフルーツを詰め、飾り用に少し取り分けておきます。
❺ふた用に丸く切ったパンも煮汁にひたしてフルーツの上にのせ、ラップ材をかけて上から押さえます。
❻器の大きさに合う皿をラップ材の上にのせ、400ｇくらいの缶詰などの重しをのせて冷蔵庫でひと晩なじませます。食卓にだす直前に型からだし、飾り用の残しておいたフルーツをのせます。切り分けたところにゆるく泡立てた生クリームを添えます。

ルバーブは野菜畑の常連

ルバーブはイギリスでは春から夏にかけての野菜とも果物ともいうべきもの。日本では信州などで栽培されていますが、手に入りにくいので、見たこともない、食べ方を知らないという方も多いことでしょう。

ところがイギリスでは季節になれば露店の八百屋さんやスーパーマーケットでも手軽に手に入るとても身近なものです。

田舎にある家なら、庭の野菜畑にルバーブを植えているところがほとんど。私が親しくしているクック家では、庭にあるベリー類や野菜が植わっている畑の一角にルバーブも栽培されていました。夏の間はルバーブを使うたびに庭に行って必要なぶんだけ収穫したり、またまとめて収穫したら、小さく切ってポリ袋に入れ、冷凍保存をしていました。そのおかげで、真冬になってもこの夏の味を楽しめるというわけです。

一般にルバーブといえば、ガーデン・ルバーブ（食用ダイオウ）のことをさしますが、薬草として下剤、消化剤ともなる品種もあります。スイバと同じくタデ科の一種です。

このルバーブ、ピンクがかった緑の、硬そうな茎ですが、煮るとたちまちとろけるように煮くずれるのが特徴。欧米では「パイプラント」の別名を持つほど、パイやタルトの具として親しまれています。

モンゴメリー作『アンの愛情』には、「ルバーブのゼリー」としてルバーブのジャムが登場します。そういえば、ロンドンのフォートナム・メイソンの店でも「ルバーブとジンジャー」のジャムが売られているのを見かけました。

ジンジャーはルバーブの味を引き立てるので、ルバーブには付き物です。ジンジャーのほかにオレンジもルバーブの味を引き立てるとして、一緒によく使われます。フールとは、ルバーブ以外にもベリー類などやわらかく煮た果物にクリーム類を混ぜただけの簡単なデザートのこと。この季節にクックさん宅での食事では、奥さんのリタさんが作ってくれる、庭から採りたてのルバーブで作ったフールが楽しみでした。最近ではカロリーを気にして、クリームをヨーグルトに代えたヘルシーなフールのレシピも人気です。淡いピンク色がおしゃれなデザートが簡単にでき上がるのも暑い季節にはうれしいものです。

ルバーブフール

ジンジャー風味がアクセントの簡単デザート

材料（4～6人分）

ルバーブ ……6本程度(700ｇ)
グラニュー糖 ………………75ｇ
粉末ジンジャー ………小さじ1
ヨーグルト …………………50cc
生クリーム …………………100cc
ミントの葉(飾り用) ……….少々

作り方

❶ルバーブは洗って2㎝くらいの長さに切り、鍋に入れる(鍋はホウロウがよい)。グラニュー糖、粉末ジンジャーをまぶしてから中火にかけ、ときどきかき混ぜながらやわらかくなるまで煮る。金ザルにあげ、余分な水分を取る。

❷水分が取れ、よく冷めたら、ボウルに移す。六分立てにやわらかく泡立てた生クリームをヨーグルトとよく合わせ、冷蔵庫で冷やす。ガラスなどの器に盛りつけ、ミントの葉を上に飾る。

クック家の庭のルバーブ。鉢はルバーブにかぶせてやわらかく育てるために使う

ショートケーキはサクサクのビスケット

ショートケーキというと、ふわふわのスポンジの間にたっぷりの生クリームとイチゴをはさんだ三角形のケーキがおなじみですが、イギリスのショートケーキは違います。「SHORT」（ショート）という言葉には「短い」という意味のほかに「サクサクした」という意味があるように、ふんわりしたケーキではなくサクサクとしたビスケットタイプの間にイチゴをはさんだものになるのです。卵を加えず、良質なバターの風味が決め手となるショートブレッドを薄く焼いたものではさんだものという感じです。

ショートブレッドはそもそもスコットランド生まれのお菓子。ビスケットなのになぜブレッドという名前が付いているのでしょうか。

ケルト文化の地であるスコットランドは、古くからパンといえば鉄板の上で焼く、平たいパンケーキのようなものでした。パンといえば、オーブンで焼くローフ型ではなく、薄く平たいものをさす言葉だったのです。そのパンの中でこのショートブレッドはお茶のためのバターがたっぷりと入ったリッチなもの。古くは結婚式や新年のお祝いに焼く特別なお菓子でした。

以前スコットランドの北端の町、ウイックにある大きなお屋敷に滞在したことがあります。そこではお菓子作りが自慢のおばさんが働いていたのですが、そのおばさんの焼くショートブレッドの味は今でも忘れることができません。スコットランドの国花であるアザミの花を彫った木型をスタンプのようにショートブレッドの生地に押し当てて模様をつけます。それを昔ながらのオーブンであるアーガで手早く焼いていくのです。

イチゴはイギリスでは春というより夏の味覚。イチゴに生クリームをかけただけの「ストロベリー・アンド・クリーム」は、イギリスの夏の風物詩でもあるのです。小粒で甘酸っぱく、夏の太陽がきゅっと詰まった味わいとまろやかなクリームの組み合わせは絶妙。そこにバターの風味が香ばしいビスケットが加わったこのお菓子は、この季節ならではのごちそうです。

ストロベリーケーキ

スコットランド生まれの平べったい生地のケーキ

材料（直径9cmのもの4個分）

バター（食塩不使用）…80g
粉砂糖 …………………30g
薄力粉 …………………80g
ライスフラワー（上新粉）
……………………………30g
ヘーゼルナッツ
（またはアーモンド粉）40g
イチゴ …………½パック
グランマニエ
（またはコアントロー）
…………………小さじ1
生クリーム …………200cc
粉砂糖（仕上げ用）…・適量

作り方

❶オーブンを180℃に温めておき、天板にベーキングシートを敷くか、バター（分量外）をぬっておく。薄力粉とライスフラワーは合わせてふるっておく。
❷ヘーゼルナッツはフードプロセッサーまたはミキサーでパウダーに近い状態になるまで細かくしておく。
❸ボウルに室温にもどしたバターを入れ、泡立て器でクリーム状に練り、粉砂糖を加え白くなるまですり混ぜる。
❹ふるっておいた粉類、ヘーゼルナッツを加えてゴムべらで切るようにして混ぜ、ひとまとめにする。ラップ材に包んで冷蔵庫で30分ほどねかせる。
❺めん棒で5mm厚さにのし、直径9cmの菊型で8枚抜き、天板に並べる。フォークの先で穴をあけ、オーブンに入れる。10〜12分うっすらと色づく程度に焼き上げ、金網にとって冷ます。イチゴは飾り用2個を除いてヘタを取って縦半分に切り、グランマニエをまぶす。
❻生クリームを泡立て、⑤の4枚のショートブレッドにぬり、イチゴをその上に並べる。もう1枚のショートブレッドをかぶせ、残りの生クリームを絞り出して、縦半分に切った飾りのイチゴをのせ、粉砂糖を上からふりかける。

ハンプトンコートでは、7月にイギリス最大のフラワーショーが開催

マーケットに並ぶフルーツに誘惑されて

風土や暮らしに結びついたハーブを調べてきたせいか、外国へ行ってもその土地に住む人たちのふだんの生活や食べ物に興味を惹かれます。

そのふだんの生活を身近に感じ取れるところ、それが町の中にある市場、マーケットなのです。

コッツウォールド地方の町、チッピングカムデンには、町の中央に中世にもさかのぼるマーケットホールが残っています。そこには1627年にバター、チーズ、鶏肉などを売る露店の雨よけのために建てられたという歴史が秘められていますが、今も建物を取り囲むようにして、毎週金曜日にはマーケットが開かれ、当時のにぎわいをしのぶことができるのです。

こうしたマーケットに並ぶ品物は新鮮さと安さが決め手。そして、近代的なスーパーマーケットでは味わえない、会話があります。なじみの店の主人とあいさつを交わしながら素材を選ぶという昔ながらの情景があります。

夏はマーケットの店先が鮮やかに彩られる季節。まるで宝石のように色鮮やかな果物が並びます。

真っ赤なラズベリーやイチゴ、レッドカラント、黄緑色のグーズベリーなどのベリー類が宝石のようにこんもりとケースに盛られ、モモやネクタリンも木箱に並んだまま店先に積まれています。イギリスはこんなにフルーツが豊富だったのかと目を疑うほどの種類の多さです。

こうした新鮮な果物をお菓子に使わないはずはありません。

庭好きのイギリス人のこと、観賞用の楽しむ庭とは別にキッチンガーデンというフルーツやハーブ、野菜を栽培する実用のための庭も多くの人が持っていますが、マーケットで買うばかりでなく、そこでとれる収穫も夏の食卓を彩るのです。

「コブラー」とは聞き慣れない名前ですが、伝統的なイギリスのお菓子です。上のトッピングはスコーンと同じような生地。表面はこんがりと焦げ目がつき、その下は果物の汁を吸ってしっとりとなって、ふたつの味わいが楽しめます。

スコーンとフルーツを同時に楽しみたいと考えた人がこのお菓子を作り出したのかもしれません。火を通してやわらかくなったフルーツはフレッシュなジャムのように、カリッとしたスコーンの味わいを引き立てるのです。

サマーフルーツのコブラー

カリッとしたスコーンと甘いフルーツがドッキング

材料　(20cm角、５cm深さくらいの耐熱容器)

ブルーベリー ………250g
ネクタリン(黄桃の缶詰)
………………… 2～3個
ブラウンシュガー（三温糖)
…………………………50g
スコーン生地
薄力粉 ………………225g
塩 ………………小さじ½
ベーキングパウダー
………………小さじ2
バター(食塩不使用)…110g
グラニュー糖 …………50g
牛乳 ………………170cc
ブラウンシュガー（三温糖)
………………大さじ3
クロッテド・クリーム　1瓶

作り方

❶耐熱容器にブラウンシュガーをふりかけながら、ブルーベリーと皮をむいてクシ形に切ったネクタリンを並べる。
❷スコーン生地を作る。ボウルに薄力粉、塩、ベーキングパウダーを合わせてふるい入れる。バターを１cm角に切って加え、ナイフであずき粒大に粉を混ぜながら小さく切る。さらに手のひらをすり合わせるようにして粉とバターをなじませる。さらさらのパン粉状になったら、グラニュー糖を加え、牛乳を加えよく混ぜる。べとべとの生地になるが、スプーン２つを使って丸く形を作り、①のフルーツの上に落としていく。最後にブラウンシュガーをスコーンの生地にふりかける。
❸あらかじめ220℃に温めておいたオーブンの上段で25～30分くらい、スコーンの生地が十分膨らみ、きつね色に色づくまで焼く。
❹熱いうちに取り分け、クロッテド・クリームを添えていただく。
＊フルーツは季節のものを使って楽しめます。リンゴ、ルバーブ、アンズ、プラム、ラズベリー、洋ナシなどで。

夏の野外コンサートにも、手作りお菓子を持って。イギリス人らしい楽しみ方

第3章

秋を楽しむお菓子

リンゴとレーズンのディープパイ

ビスケットタイプのサクサクした生地でふたをした

りんごとレーズンのディープパイ

材料（750cc入るだ円形の耐熱性のパイ皿1個分）

パイ生地（ショートクラストペストリー）

薄力粉 ……………………………250g

バター（食塩不使用）………………150g

（1cm角くらいに切って冷蔵庫に冷やしておく）

卵黄 ……………………………1個分

グラニュー糖 …………………大さじ1

冷水 ……………………………大さじ1～2

フィリング

リンゴ（紅玉がよい）………………3個

レーズン ……………………………75g

（ぬるま湯につけて洗い、ラム酒大さじ1をまぶしておく）

ブラウンシュガー（三温糖）…………50g

シナモン …………………………小さじ½

クローブ …………………………小さじ¼

牛乳・グラニュー糖 ………………各少々

←イギリスの家の庭でよく見られるリンゴの木。酸味がお菓子作りに生かされる
↓9月に野生も実るブラックベリーは、リンゴとの組み合わせが昔からの定番

作り方

❶最初にパイ生地を作る。ボウルに薄力粉をふるい入れ、バターを加えてナイフであずき粒大になるまで薄力粉をまぶしながら刻み込む。
❷手のひらでこすり合わせるようにして粉とバターをすり混ぜ、さらさらのパン粉状にする。
❸グラニュー糖を加え、卵黄と冷水を合わせてよく混ぜたものを加えてゴムべらで全体を大きく混ぜてから、手でひとまとめにする。ラップ材で包み、冷蔵庫で最低1時間ねかせる。冷蔵庫で2日間くらいは保存できる。
❹フィリングを用意する。リンゴは4つ割りにして皮と芯を除き、5㎜厚さに切る。ボウルに入れ、レーズン、ブラウンシュガー、シナモン、クローブを加えてよく混ぜる。パイ皿に表面が平らになるように並べる。
❺ねかせておいたパイ生地をラップ材にはさみ、上からめん棒で3㎜厚さほどにパイ皿よりひと回り大きくのばす。パイ皿のふたになる大きさのパイ生地を残した余った部分で、パイ皿の縁の幅に合わせて帯状に切る。縁に牛乳をハケでぬり、切った生地をのせ、その上に牛乳をハケでぬる。残りの生地をかぶせてふたをし、縁を指で軽く押さえる。縁の外側の余った生地はナイフで切り落とし、中央に空気抜きの十文字の切り込みを入れる。切り落とした生地をまとめて、めん棒でのばし、リンゴや葉の形にナイフで切り抜く。牛乳をハケでぬってふたになったパイ皮の表面にのせて飾りにする。
❻表面全体に牛乳をハケでぬり、グラニュー糖少々をふりかけ、最初200℃に温めたオーブンで10分、180℃に下げてさらに30分くらい焼く。

リンゴ好きのイギリス人は酸っぱいのが好み

アガサ・クリスティーのミステリー作品のひとつ『ハロウィーン・パーティ』（1969年）は、リンゴ食い競争で殺人が起こるという作品。リンゴ食い競争は、〝ボブ・アップル〟とイギリスで呼ばれるもので、水に浮かべたリンゴを口でくわえ、取れるか取れないかで幸せを占うゲームです。これが10月31日のハロウィーンの夜には昔から付き物でした。

この殺人事件の犯人解明を依頼される探偵ポアロは「汁気の多いイギリスのリンゴほどおいしいものがあるはずがない」と語るのですが、これには私も同感。赤みがかって小粒のコックスと呼ばれる品種が、酸味がほどよくあり、みずみずしくパリパリとした歯ざわりで、イギリス人の好むリンゴ。まるで大きな緑のジャガイモのような形のリンゴはクッキングアップルと呼ばれ、アップルパイにしたり、料理に使ったりする酸味が強く煮くずれにくいタイプ。リンゴ好きの国民性か、アップルパイは秋にはイギリスの家庭には欠かせませんが、パイ生地はショートクラストペストリーと呼ばれるビスケットタイプのサクサクとした生地が特徴。パイ皿で作ることもありますが、パイディシュという深皿で焼くタイプはディープパイと呼ばれます。生のリンゴを入れ、パイでふたをして焼くので作るにも手間がかからず、古くから家庭で親しまれてきたアップルパイです。

ビアトリクス・ポター作『ピーターラビットのおはなし』のシリーズのひとつ、『パイがふたつあったおはなし』もこのパイディシュで焼いたディープパイがテーマになっています。こちらはフルーツの入ったお菓子のパイではなく、食事用の肉入りパイですが……。

犬のダッチェスは猫のリビーにお茶に招かれます。リビーの作るネズミのパイなど食べられないと思った犬のダッチェスは、自分が作った子牛とハムのパイをこっそりとリビーの家のオーブンに入れに行きます。

ところがリビーの家のオーブンは上下2段あって、ダッチェスはリビーが下の段でネズミのパイを焼いているのにまったく気づかなかったのです。何も知らないダッチェスは、自分のパイだと思って全部食べてしまうのです。どちらもパイ皮で覆われた中身の出来事。いつもこの形のパイを食べるときにはこのお話を思い出します。

ハロウィーンのごほうびはカボチャのお菓子

10月31日はハロウィーン。

この日は昔の異教徒ケルト族の暦では、サムヘインの祭りの前夜にあたります。この夜は冬の訪れへの幕開け、そして新年の前日すなわち1年の締めくくりの日ともなっていました。この1年の最後の日に幽霊や精霊や魔女、加えて超自然的なものが動き出すと信じられていたのです。

このサムヘインの祭りがキリスト教徒にも取り入れられて、11月1日が万霊節（All Saints' Day）となったのです。Saint（聖人）は、古代英語でhallowという語が使われていたので、その前日31日はAll Hallow Eve,これが訛ってHalloween（ハロウィーン）と呼ばれるようになったのです。

この日の夜に幽霊、精霊、魔女など邪悪なものがうろつきまわり、人間に太陽の光を減らす季節の印を付けると信じられていました。人々はかがり火をたき、食べ物やお菓子を供え、扮装してお化けの中に紛れ込み、身を守りました。その名残が今の「trick or treat」（ごほうびをくれないといたずらするぞ）という行事になったのです。今ではちびっ子たちがお化けや魔女に変装して、あちらこちらの家を回って「ごほうびをくれないといたずらするぞ」と言ってはおやつをもらう習慣として受け継がれています。

欠かせない小道具としては、「ジャック・オ・ランタン」と呼ばれるカボチャの提灯。大きなカボチャの中身をくりぬいてその中にろうそくを灯すものです。これも、そもそもは死者の魂を表すものとして作られたものでした。

食いしん坊のお化けたちのおやつに、そのカボチャをくりぬいた中身はパイやケーキなどのお菓子に変身するわけです。小さくて食べやすいカボチャのマフィンは「trick or treat」のごほうびにも、おやつにもぴったりというわけです。

パンプキンパイは、イギリスでは15世紀半ばから17世紀初めまで続いたテューダー朝のころから作られていたという歴史があります。そのパイはカボチャをスライスしてハーブやスパイスとともに焼き、パイ皮を敷いたパイ皿に並べ、砂糖と卵を合わせたものを流し込んで焼いたもののとのこと。リンゴや干しブドウも合わせて作るレシピもあったようです。当時からシナモンやクローブのスパイスがカボチャの味を引き立てていたに違いありません。

パンプキン・スパイスマフィン

ハロウィーンの愉快なパーティーにぴったりのマフィン

パンプキン・スパイスマフィン

材料（直径５㎝、深さ3.5㎝のマフィン型約20個分）

カボチャ……150ｇ
（種、皮を除いて小さく切る。または乾燥フレーク状のものをもどして使ってもよい）
バター(a)（食塩不使用）……140ｇ
サワークリーム……大さじ１
牛乳……40cc
卵……２個
グラニュー糖……100ｇ
ブラウンシュガー……70ｇ
薄力粉……200ｇ
ベーキングパウダー……小さじ1½
重曹……小さじ⅓
塩……ひとつまみ
シナモン……小さじ½
クローブ……小さじ⅓
ひまわりの種……大さじ２
トッピング
クリームチーズ……170ｇ
バター(b)（食塩不使用）……50ｇ
粉砂糖……80ｇ
オレンジの皮……１個分

ずらりと勢ぞろいしたカボチャの品評会
が見られるのもこの時期ならではのこと

作り方 ❶カボチャは砂糖大さじ１(分量外)を加えてひたひたの水でやわらかく煮てからフォークでつぶす。
❷バター(a)は室温でやわらかくし、泡立て器でクリーム状にしてからグラニュー糖とブラウンシュガーを合わせて加えてよくすり混ぜ、卵を１個ずつ加えてさらに混ぜる。
❸①のカボチャとひまわりの種を加え、薄力粉、ベーキングパウダー、重曹、塩、スパイス類を合わせてふるったものを加えて切るようにさっくりと混ぜる。途中で、サワークリーム、牛乳も加える。
❹紙ケースを敷いたマフィン型に八分目くらいまで③のたねをスプーンですくって入れる。
❺180〜200℃に温めたオーブンで20〜25分くらいこんがりと色づくまで焼く。焼けたら金網にとって冷ます。
❻クリームチーズとバター(b)は室温でやわらかくし、泡立て器でクリーム状にする。粉砂糖を加えてすり混ぜる。
❼冷めたマフィンにナイフで⑥をこんもりとぬる。上にオレンジの皮をピーラーで細く削って飾ります。

ウォールナッツ・ビスケットと ホワイト・ビスケット

ウォールナッツ・ビスケットとホワイト・ビスケット

ウォールナッツ・ビスケット

材料（約25個分）

バター（食塩不使用）……………………90 g
ブラウンシュガー ……80 g
卵 ……………………１個
薄力粉 ……………250 g
ベーキングパウダー……………………小さじ１
クルミ …70 g（粗く刻む）

作り方

❶室温でやわらかくしたバターをボウルに入れ、泡立て器、または電動ミキサーでクリーム状にする。そこにブラウンシュガーを２回に分けて加え、白っぽくふわふわになるまですり混ぜる。
❷溶き卵を少しずつ加え、薄力粉とベーキングパウダーを合わせてふるったものを加え、ゴムべらにかえてさっくりと切るように混ぜる。途中で刻んだクルミも加える。
❸ひとまとめにしてから25個のボールに手でまるめる。
❹天板にボールのたねを離しておき、その上から水でぬらしたフォークを横向きと縦向きと２回押しつぶすようにして縞模様をつける。あらかじめ180℃に温めておいたオーブンで10分くらい焼く。ほんのりときつね色になるまで焼けたら、オーブンからだし、粗熱が取れてから金網にとって冷ます。クルミの代わりにピーカンナッツやヘーゼルナッツを使ってもおいしい。

ホワイト・ビスケット

材料（約25個分）

バター(食塩不使用)
……………………170 g
グラニュー糖 ……100 g
卵 ……………………1個
薄力粉 ………………200g
ベーキングパウダー
…………………小さじ½
塩 …………ひとつまみ
ホワイト・チョコレート
………150 g（粗く刻む）
マカデミアナッツ(食塩不使用）…70 g（粗く刻む）

作り方

❶薄力粉、ベーキングパウダー、塩を合わせてふるい、ボウルに入れておく。
❷別のボウルに室温にもどしてやわらかくしたバターを入れ、グラニュー糖を加えて泡立て器、または電動ミキサーで白っぽくなるまですり混ぜる。卵を溶いたものを少しずつ加えてよく混ぜ、次に①の粉類を加えてゴムべらでさっくりと切るようにして混ぜる。途中でホワイト・チョコレートとマカデミアナッツを加える。
❸天板に大さじ１杯分くらいのたねをのせ（少し広げるようにしてこんもりと)、あらかじめ180℃に温めておいたオーブンで10〜12分くらい焼く。粗熱を取ってから金網にとって冷ます。

←フラップジャックは、オートミールを使ったクッキーの一種
↓イギリス人の憧れのコンロ、アーガ。焼き菓子がしっとりとおいしく焼ける

ビスケットは家庭の常備品

ハーブ留学をしていたときのこと。

ホームステイ先の奥さん、ジルがビスケットを焼くのはいつも夕食のしたくの時間と決まっていました。

ハーブファームを経営するという忙しい毎日で、食事の準備をしながら次の日のお茶用のビスケットまで焼いてしまうという、その早業の裏には秘密があったのです。

ビスケットのたねは作ったら、のばしたり、型を抜いたりする手間のいらない作り方がその秘密。たねをまるめてフォークで押しつぶすように模様をつけたり、スプーンで天板にこんもりと落としたら、あとは焼くだけ。簡単にできるこうしたビスケットのレシピをいくつも持っていました。

「家庭で作るお菓子はこうでなくては」、ジルのかたわらでそう思ったものです。気構えることなく、暮らしの中で無理なくお菓子を作ることができる、そんな家庭菓子がイギリスのお菓子の魅力です。

家庭では、今や4時のお茶といっても日常ではカップとソーサーで改まって飲むということもありません。マグカップに紅茶を注ぎ、缶に入れてあるビスケットをつまむというスタイルがほとんど。親しい友人どうしならお茶に呼ぶといってもその程度のものです。

このようにビスケットは、毎日のお茶の時間の必需品であるだけにイギリスには簡単でおいしいレシピがたくさん存在するのです。

イギリスではビスケットですが、アメリカではクッキーと呼び方が違います。ビスケットはBISCUIT（ビスキュイ）「2度焼き」というフランス語に由来しています。その昔パン屋さんでは、焼けたパンをスライスしてもう一度ぱりぱりに焼き上げたものを売っていました。これがビスケットの始まりで、携帯用の保存食として長い船旅に出る人たちが持って行くものでした。

高価だった粉やバター、砂糖、卵などの材料がひとたび身近な材料となると、ビスケットの種類は瞬く間に増えて、さまざまな形や味のものが家庭でも焼かれるようになったのです。家にはいつもホームメイドのビスケットが缶の中に詰まっている、それだけで幸せな気分になりませんか。

パブのランチで食べたリンゴのデザート

秋から冬にかけてはイギリスでもリンゴの季節。スーパーマーケットでも、露天の八百屋さんでも、山積みのリンゴの赤が落ち葉の舞い落ちる季節にはいっそう輝いて見えます。

なかでもイギリス特有のリンゴがクッキング・アップルと呼ばれるリンゴ。その名のとおり、料理やお菓子など火を通して使うリンゴの種類です。ヨーロッパでもこのリンゴがあるのはイギリスだけで、ほかの国ではデザート用と呼ばれる生で食べるリンゴをクッキングにも使うとのこと。そのクッキング・アップルの品種はBRAMILEY「ブラムリー」と呼ばれます。

これがリンゴかと思うほど大きく、ジャガイモのようにでこぼこで、青っぽい色合いが特徴。酸味が強く、皮をむいているそばから赤くなってしまうほどです。こんなごつごつした外見とは反対に、火を通すとすぐに実がやわらかくなります。アップルパイなどリンゴのお菓子にはこのリンゴが欠かせません。クランブルも本来はこのリンゴを使う、寒い季節にうれしい温かいお菓子です。

クラムは「パン粉」、クランブルは「パン粉にする」の意味で、バター、粉、砂糖を手ですり合わせるようにして混ぜ、パン粉のようにほろほろにするという意味です。このほろほろにしたものをリンゴの上にのせて焼いたものが「アップルクランブル」というわけです。

お茶と一緒にいただくティータイムのお菓子というよりは、食後のデザートとして食べるものですが、寒い季節にあつあつを取り分け、生クリームをたっぷりとかけると、リンゴの酸味にクランブルの香ばしさと、クリームのまろやかさが加わって、いくらでもいただけるおいしさなのです。

私が生まれて初めてこのクランブルを味わったのは、ホームステイしていたときに連れて行ってもらったパブでのランチでした。田舎のパブは家族で経営していることも多く、ご主人がカウンターで飲み物のサービス、料理上手の奥さんがシェフといったぐあい。エプロン姿の奥さんがキッチンからあつあつの料理をテーブルへと運んでくれる、そんな家庭的な雰囲気からとても和やかな気持ちになったことを今でも覚えています。

クランブルはレストランではいただけない、温かい家庭の味わいなのです。

アップル&オレンジ・クランブル

カリッと焼けたクランブルとリンゴの甘酸っぱさが絶妙

材料

リンゴ ……900g
オレンジ …………… 3個
ドライプルーン …… 8個
ブラウンシュガー
………………… 大さじ3
シナモン …… ひとつまみ
クランブル用
バター(食塩不使用)
…………………… 110g
グラニュー糖 ……… 55g
薄力粉 …………… 170g
塩 ………… ひとつまみ

作り方

❶まずクランブルを作る。
薄力粉と塩を合わせてボウルにふるい入れる。冷蔵庫からだしたバターを1cm角に切って加え、粉をまぶしながらさらにナイフであずき粒大に刻む。さらに両手を合わせるようにしてすり合わせ、粉とバターがなじんだ、さらさらの状態にする。冷蔵庫に入れておく。
❷オレンジは丸のまま皮をむいて、ナイフで房と房の間に切り目を入れて、果肉を取り出す。取り出したあとの皮を絞って果汁もとっておく。リンゴは4つ割りにして皮をむき、いちょう切りにする。オレンジの果肉、汁とリンゴ、半割りにしたプルーンをボウルに合わせ、ブラウンシュガー、シナモンを加えて混ぜる。
❸オーブンは200℃に温めておく。耐熱容器に②を平らに入れ、その上にスプーンで①を全体にふりかける。あらかじめ温めたオーブンで約30分表面が少しきつね色に焦げる程度に焼く。
❹あれば温かいうちに、生クリームやアイスクリームなどを添えても。

小粒のリンゴ、コックスは、実も硬く、酸味もあり、お菓子作りにも使われる

友達から友達へ、たねがとりもつ友情

コッツウォールド地方の小さな町にあったティールーム、「マーシュマロー」。今から15年も昔、ホームステイ先の奥さんに連れられて入ったティールームでした。

黒いオークの梁が低い天井に渡った小さなその店の中央には、ホームメイドの何種類もの焼き菓子が飾られていました。

その中から迷ったあげくに私が選んだのがフレンドシップ・ケーキ。運ばれたそのケーキはひと口味わうと、ふわーっと広がるなんともいえぬおいしさ。香りがまたなんともほかのケーキにはない不思議なものでした。

見かけはごく普通の焼きっぱなしのケーキなのに、そのあまりのおいしさにケーキを運んできた店のオーナーらしい女性に、「作り方を教えてもらえませんか」と頼んでしまったほどでした。

「ちょっと待っててくださいね。」にこやかにその女主人はそういうと、小さな器を持って戻ってきました。その中に入っていたのがフレンドシップ・ケーキのたね。そのたねを使って作るケーキのレシピまで私に持って来てくれたのです。そのたねを増やしてケーキを作る。友達から友達へ、その増やしたたねを渡してまたケーキが作れるということから、フレンドシップ（友情）という名前が付いていたのでした。

そのたねは、ホームステイ先でもレシピどおりに増やして近所の家に分けたりもしていましたが、さすがにそこを離れるときには置いてきてしまいました。それから長い間、その元になるたねそのものを作るレシピがわからなかったために、このケーキが作れずにいたのです。

ところがなんという幸運でしょう。イギリスの友人が新聞に載っていたといってフレンドシップのレシピを送ってくれたのです。そのレシピには、謎であったたねの作り方から紹介されてあったのです。

こうして、海を渡って送られてきたレシピのおかげで、ようやく思い出のケーキが作れるようになったというわけです。今はもうなくなってしまったティールーム「マーシュマロー」の女主人の優しさ、レシピを送ってきてくれた友人の優しさ、私にとってこのケーキはまさしく友情のたまものです。

フレンドシップ・ケーキ

フレンドシップ・ケーキ

基本のたねを2週間ねかせて作る気の長いケーキ

材料（20×20cmの角型1個分）

基本のたね1単位（約250cc）

薄力粉 ……………………………… 220g

ベーキングパウダー ……………… 小さじ2

塩 ………………………………… 小さじ1/2

シナモンパウダー ………………… 小さじ1

グラニュー糖 ……………………… 170g

卵 ………………………………… 2個

サラダ油 ………………………… 150cc

プルーン ………………………… 150g

ピーカンナッツ …………………… 60g

トッピング

- ブラウンシュガー ……………… 40g
- 薄力粉 ………………………… 小さじ1
- シナモンパウダー ……………… 小さじ1

基本のたね4単位の材料

薄力粉 ……………………………… 420g

インスタントドライイースト …… 小さじ1 1/2

ぬるま湯 ………………………… 220cc

グラニュー糖 ……………………… 170g

牛乳 ……………………………… 440cc

→たねを作って8日目、泡がぶくぶくと立っている
↓その泡をつぶして、2回目の栄養補給。粉、砂糖、牛乳を加える

9月になるとホップの産地ケント州でホップの収穫がお祭りのように行われる

作り方

❶基本のたねを作る。ボウルにふるった薄力粉140g、ドライイースト、ぬるま湯を入れて混ぜ合わせ、ぬれぶきんをかけて室温に3日おく。1日1回かき回し、ふきんをぬらしなおす（ラップ材は空気を遮断するので避ける）。
❷（もらったたね1単位を増やすときはここから始める）4日目に①のボウルにふるった薄力粉140g、グラニュー糖85g、牛乳220ccを加えてよく混ぜ、ぬれぶきんをかけて冷蔵庫に入れる。5〜7日目は1日1回かき回し、ふきんをぬらしなおしてかぶせ冷蔵庫に入れる。
❸8日目に②をだしてかき回したらひと回り大きなボウルに移し、ふるった薄力粉140g、グラニュー糖85g、牛乳220ccを加えてよく混ぜ、ぬれぶきんをかぶせて冷蔵庫に戻す。9〜12日も1日1回かき回してふきんをぬらして冷蔵庫に戻す。
❹13日目にたねを4等分し、ケーキのたね4単位分ができる。
❺フレンドシップ・ケーキを焼く。型にバター（分量外）をぬり、オーブンは180℃に温めておく。薄力粉とベーキングパウダー、塩、シナモンは合わせてふるっておく。
❻ボウルに基本のたね1単位分を入れ、グラニュー糖、卵、サラダ油を順に加えて泡立て器でよく混ぜる。ふるった粉類も加えてゴムべらで切るように混ぜ、刻んだプルーンとナッツも加えて混ぜる。
❼型に流し入れ、表面に混ぜ合わせたトッピングの材料をふりかけ、180℃のオーブンで40分〜1時間ほど焼く。中央に竹串を刺してみて何もついてこなければでき上がり。

＊残りのたねは1単位ずつに分けて冷凍保存にすれば3カ月もつ。冷凍庫で保存する場合は、1単位に対して砂糖小さじ1を加えて密閉容器に入れておけば1週間保存できる。

Christmas

第4章

あったかい冬のお菓子

5週前の日曜日から作りはじめる!?

幾種類ものドライフルーツ、牛のケンネ脂を刻んで混ぜたものをゆでたものが昔ながらのクリスマスプディング。このプディングは作ってから1カ月、長くは1年以上も熟成させ、クリスマスの当日もう一度ゆで温めてブランデーの炎を灯し、テーブルに運びます。このときてっぺんにヒイラギのひと枝をのせることを忘れません。ヒイラギはキリストの受難を表すとも、魔除けのためともいわれています。

この内容豊かなプディングは、中世にまでさかのぼる古い歴史を秘めています。そもそもは牛のすね肉をレーズンやプラム、スパイスやワインを入れて煮こみ、パン粉でつないだものでした。それが19世紀までには牛のすね肉がケンネ脂に代わって作られるようになったのです。プラムが入ることからプラムプディングと今でも呼ばれることがあります。

そのプディングを作る日がクリスマスの5週前の日曜日。スター・アップ・サンデー（STIR UP SUNDAY）と呼ばれるその日、台所に集まった家族全員がひとりずつたねをかき混ぜ、そのつど願い事を唱えるのが慣わしです。そして最後にそのたねの中にコイン、指輪、ボタンと指ぬきという4つのおまじないを入れるのです。切り分けたときにコインが当たれば金持ち、指輪は近いうちに結婚すること、ボタンと指ぬきは一生独身を予言するのです。

アガサ・クリスティーの作品のひとつ『クリスマスプディングの冒険』(1960年)の中でも切り分けたプディングから何が出てきたかで盛り上がる食卓の場面があります。長年独身を貫いてきた名探偵ポワロには、その彼にふさわしく銀のボタンが当たってしまうのもおもしろいところ。実は犯人は盗んだ高価なルビーの隠し場所にこのプディングを選ぶという落ちがついています。

クリスマスの正餐のデザートとしていただくのが習慣ですが、最近のイギリスの家庭ではこのプディングは重たいので敬遠されがち。そうはいっても、この味を口にしなければクリスマスの感じがしないという人も少なくありません。そんな人のために小型のプディング型で作るのが近年の流行。しかもドライフルーツを買い集める手間もないミンスミートの瓶詰めを使うなど、ここで紹介するようなお手軽レシピが人気になっています。

ミニクリスマスプディング

ひとり用のサイズがエレガントな雰囲気

材料（直径8cm高さ6cmのプリン型8個分）

バター（食塩不使用）‥50g
卵 ……………………… 2個
モラセス ……………75cc
ビール ………………110cc
ラム酒 …………大さじ2
ミンスミート（瓶詰め）400g
リンゴ（紅玉がよい）‥70g
ヘーゼルナッツ …………30g（粗く刻む）
薄力粉 ……………150g
ベーキングパウダー ……………… 小さじ1½
シナモン・クローブ ……………… 各小さじ½

作り方

❶型にバター（分量外）をぬる。オーブンは180℃に温めておく。
❷リンゴは皮と芯を取り除き、粗みじん切りにする。
❸ボウルにやわらかくしたバターを入れ、溶きほぐした卵を加えて泡立て器で混ぜる。
❹モラセス、ビール、ラム酒を合わせて加え混ぜる。
❺④にミンスミート、リンゴ、ヘーゼルナッツを加えて、合わせてふるった粉類、スパイス類も加えてよく混ぜる。
❻型の八分目まで⑤を流し入れる。型よりひと回り大きく切ったアルミ箔にバター（分量外）をぬり、たねが膨らんだときに破れないように中央をひと折りして型にかぶせる（ここまでを前日までにして冷蔵庫に入れてもよい）。
❼天板に熱湯を注いで⑥を並べ、180℃のオーブンで50分ほど蒸し焼きにする。中央に竹串を刺して何もついてこなければでき上がり。型のまま10分ほどおき、型からだす。アイスクリームや生クリームを添えるといっそうおいしい。ヒイラギの枝を挿し、温めたブランデーをかけて火を灯すのが正統。
＊モラセスは蜜糖（精製されていない砂糖）のこと。イギリスではトリークルという。

クリスマスプディングに飾り、ブランデーとともに火を灯すヒイラギ

フィンランドの家庭で覚えたクッキー

日の出も遅く、午後も3時ごろになれば日没になってしまう日々が続く、クリスマスの季節。そんな太陽を見ることも少ない暗いイギリスの冬を暮らしてみると、古代異教徒たちの太陽崇拝の祭りがその起源であったことを実感します。その祭りとは、太陽が再び照り輝き、新しい年がやって来るように、そしてまた収穫をもたらしてくれるようにとの願いを込めたものでした。やがてキリスト教が広まると、あらゆるものに生命を与える太陽の存在を、救世主であるキリストの誕生と重ね合わせて祝うようになったというわけです。夏も終わり、9月に入り日ごとに日が短くなっていくころから、早くもイギリスの人たちの心はクリスマスの準備へと向かいます。その様子は寂しい季節を打ち消し、明るく過ごすというクリスマス本来の意味が受け継がれているかのような暮らしぶりなのです。ジンジャーなどスパイスを食べ物に多く使うのも、子孫繁栄、豊作を願う昔の祭りの名残です。

ジンジャーブレッドの原点は、中世のころ初めて作られたクッキーの元祖ともいわれるドイツのお菓子、レープクーヘンだそうです。ヘンゼルとグレーテルの魔女の家はこのレープクーヘンでできていたとのことですが、クリスマスシーズンになると、ドイツやスイスで家の形のレープクーヘンや、ツリーに飾る星やお人形の形をしたものも売り出されます。

私がクリスマスに作るジンジャークッキーはフィンランドで教わったもの。数回取材で訪れたフィンランドの家庭で、お菓子作り上手の奥さんに教わったレシピなのです。

このレシピの特徴は、すべてを火にかけて溶かしてしまうこと、ひと晩ねかせると、生地がとても扱いやすく、手にもつかないこと。ですから、子どもと一緒に作るときにもいくらいじってもベタベタしないところが好都合です。わが家ではクリスマスのツリーに飾るのはこのクッキーと決まっていて、娘と一緒にハート、ツリー、天使などの型で抜いて焼くのがこの季節の行事になっています。

フィンランドは意外なことに焼き菓子の宝庫でした。しかもジンジャーやカルダモン、シナモンなどスパイスを使ったパンやケーキが多いことにも驚きました。ケーキの焼き型も豊富で、旅で買い求めたものは今でも大切な宝物です。

ジンジャーブレッドと
フィンランド風ジンジャービスケット

心も温かくなるジンジャーの香りがクリスマスと新年を告げる

ジンジャーブレッドとフィンランド風ジンジャービスケット

ジンジャーブレッド

材料（直径21cmのエンゼル型）

バター（食塩不使用）‥110g
ブラウンシュガー ‥110g
卵 ………………… 1個
ブラックトリークルまたは
　モラセス ………… 110g
薄力粉 …………… 120g
ジンジャー ……… 小さじ1
シナモン ……… 大さじ½
重曹 ……………… 小さじ1
牛乳 ……………… 145cc
A［仕上げ用粉砂糖 …60g
　　牛乳 ………… 大さじ3

作り方

❶オーブンは160℃に温めておく。
型には薄くバター（分量外）をぬっておく
鍋にバター、ブラウンシュガー、モラセスを加えて弱火にかけて溶かし、そのまま室温において冷ます。
❷卵を溶いて加え、さらに薄力粉、ジンジャー、シナモンを合わせてふるったものを加えて切るように混ぜる。牛乳を人肌に温め、重曹を入れたボウルに流し入れてよくかき混ぜ、①に加える。型に流し入れ、あらかじめ温めておいたオーブンで約50分くらい焼く。竹串を刺してみて何もついてこなければでき上がり。粗熱を取って金網に移して冷ます。冷めたらAの材料を合わせて表面にかける。

フィンランド風ジンジャーブレッド

材料

バター(食塩不使用)‥110 g
ブラウンシュガー ‥100 g
はちみつ ……………80 g
卵 ………………… 1個
薄力粉 ……………300 g
ベーキングパウダー
………………小さじ1
シナモン ………小さじ½
ジンジャー ……小さじ½
クローブ ………小さじ½

作り方

❶ボウルにはちみつ、ブラウンシュガー、スパイスを加えて弱火にかけ、ブラウンシュガーとはちみつがどろどろになるまで溶かす。さらにバターを加えて溶かし、どろどろの状態になったら火から下ろす。そのまま人肌になるまで冷ます。
❷卵を溶いたものを加え、薄力粉とベーキングパウダーを合わせてふるったものを加えて、よく混ぜる。ひとつにまとめてラップ材に包み、冷蔵庫でひと晩冷やす。
❸ 3㎜厚さにのばし、好みの型で抜いて天板に並べる。あらかじめ温めておいた180℃のオーブンで20分くらい（大きさによって異なる）表面がほのかに色づく程度に焼く。金網にとって冷ます。
＊ ツリーにつける場合は焼く前の天板に並べたところで、リボンを通すための穴を箸などを使ってあけておく。

→湖水地方に古くから伝わるグラスミアー・ジンジャーブレッド
←ミスルトー（ヤドリギ）はクリスマスには欠かせない常緑のオーナメント

クリスマスから2週間食べると幸運がくる
ロイヤルミンスパイ

材料（直径21cmのタルト型1個分）

ショートクラストペストリー
- 薄力粉……………250g
- バター（食塩不使用）150g
- グラニュー糖…大さじ1
- 卵黄……………………1個
- 冷水………大さじ1～2

ミンスミート（瓶詰め）……………………400g

リンゴ（紅玉がよい）……1個
クルミ………………………50g
ブランデー………大さじ2

メレンゲ用
- 卵白……………………2個分
- グラニュー糖………90g

作り方

❶まずショートクラストペストリーを作る。薄力粉をふるってボウルに入れ、冷やして1cm角に切っておいたバターを加え、粉をまぶしながらスケッパーで刻む。手のひらをすり合わせるようにしてバターと粉をなじませる。グラニュー糖を加える。

❷卵黄と冷水をよく混ぜたものを①に加えて、ゴムべらで切るように混ぜる。ひとつにまとめてラップ材で包み、冷蔵庫で最低1時間、できればひと晩ねかせる。

❸中に詰める材料を合わせておく。ミンスミートに5㎜角に切ったリンゴ、粗く刻んだクルミ、ブランデーを混ぜる。

❹ショートクラストペストリーをめん棒で5㎜厚さ程度にのし、型に敷く。底面にフォークで穴をあけ、あらかじめ200℃に熱しておいたオーブンで空焼きする。その間にメレンゲを作る。卵白を泡立て、角がやや立ったらグラニュー糖を2度に分けて加え、ピンと角が立つまで泡立てる。

❺空焼きしたタルト型に③を詰め、上にこんもりとメレンゲをのせて170℃のオーブンでメレンゲが色づくまで焼く。

→瓶詰めのミンスミートは手軽に使えて便利
←クリスマスの行事のひとつ、きつね狩り

幸せをもたらすお菓子・ミンスパイ

クリスマスの食後のデザートに欠かせないのがクリスマスプディングなら、お茶の時間に欠かせないのがミンスパイ。

パイといってイギリス流のビスケットタイプの皮が特徴です。今から400年前のエリザベス朝時代にはすでにこのミンスパイを食べることがクリスマスの習慣になっていたといいますから、長く受け継がれてきたお菓子ということがわかります。今では小さく焼いたミンスパイが主流ですが、大きく作ったミンスパイに卵白を泡立てたものでふたをして焼いたものは、ロイヤルミンスパイと呼ばれます。パイに卵白を泡立てたメレンゲをのせて焼くこの方法は、古くから親しまれてきたレシピです。

真っ白なメレンゲを色づく程度に焼いた感じが、冬の寒い季節には温かく感じられてよいものです。

おなじみの小さく丸く焼くミンスパイは、そもそもはだ円形をしていました。生まれたばかりのキリストが眠っていたかいばおけを表しているのです。そしてミンスミートに入ったシナモン、クローブ、ナツメグといったスパイスは東方からの三賢人がキリスト誕生の祝いの品として捧げた乳香、没薬《もつやく》、金を象徴しています。

ミンスミートは「細かく刻んだ肉」というその意味のとおり、かつては牛や羊の赤身肉、牛脂を刻んで干しブドウやプラムと混ぜ、スパイスで風味を加えたものでした。長い間この肉入りミンスミートが使われていましたが、やがて牛脂とスパイス、リンゴやドライフルーツをブランデーに漬け込み、4カ月ねかせてからミンスパイを焼く最後の段階で細かく切った肉を加えるというレシピに変わっていきます。そこから今度は肉だけが省かれ、牛脂だけが残って今のミンスミートになったというわけです。その牛脂も最近では健康を気づかってバターに代えるものも出てきています。

クリスマスの日から、東方の三賢人がキリストを礼拝したという1月6日の十二夜まで毎日ミンスパイを食べるとその1年は幸運に恵まれるという言い伝えがあります。

幸せを運ぶ小さなお菓子に、今年の夢を託してみてはいかがでしょう。

トライフル

クリームとスポンジが溶け合った華やかなデザート

材料（6人分）

スポンジ(20×5㎝)または
　カステラ…………½本
ラズベリージャム‥大さじ3
卵黄………………3個分
コーンスターチ…小さじ2
グラニュー糖………25g
牛乳………………450cc
シェリー酒(ドライ)
…………………大さじ5
バナナ………………2本
レモン汁…………½個分
生クリーム…………200cc
飾り用(イチゴ・ラズベリー・ミントの葉)‥‥各適量

作り方

❶カスタードクリームを作る。牛乳を小鍋で沸騰直前まで温める。ボウルに卵黄をほぐし、グラニュー糖、コーンスターチを加えてすり混ぜる。そこに牛乳を注ぎよく混ぜる。
❷①を鍋に移し弱火にかけ、絶えず木べらでかき混ぜながら火を通す。とろみがついてきたら火から下ろし、鍋底を氷水に当てときどきかき混ぜながら完全に冷ます。
❸スポンジはジャムをはさんで3、4㎝角に切る。カステラなら厚みを半分に切りジャムをぬり、ひと口大に切る。
❹バナナは斜め薄切りにして黒ずみを防ぐためレモン汁をかける。大きめのガラスボウルの底に③を敷き、シェリー酒を全体にたっぷりふりかける。バナナをその上にのせる。
❺冷えた②のカスタードクリームを注ぐようにバナナの上にかけ、八分立てにした生クリームをその上に平らに広げる。仕上げにイチゴ、ラズベリー、ミントの葉などを飾る。

スポンジの作り方
材料　卵2個　グラニュー糖70g　薄力粉60g
卵をボウルに割りほぐし、グラニュー糖を2、3回に分けて入れながら泡立て器ですり混ぜる。のの字を書いて残る堅さまでしっかりと泡立てる。ふるった薄力粉を加え、ゴムべらで切るように混ぜる。紙を敷いた天板に流し入れ、180℃のあらかじめ温めておいたオーブンで15分くらい焼き、竹串を刺してみて何もついてこなければでき上がり。

宝石箱のようなデザート

トライフルに初めて出会ったのは『トムは真夜中の庭で』（アン・フィリパ・ピアス作、高杉一郎訳、岩波少年文庫）という物語の中でした。

おばさんの家に滞在しているトムは夜中にこっそりと台所にある食料品貯蔵室に忍び込みます。これはイギリスの家、特に郊外に建つ大きな家の台所には必ずある食品庫のことでしょう。食器や保存食、残り物などを置いておけるとても便利な、台所についた納戸のようなものです。その食品庫でトムは冷えたポークチョップやバナナと一緒に半分残ったトライフルを見つけるのです。

まだイギリスにはまったく縁がなかったころに読んだこの物語――いったいこのトライフルとはどんな食べ物なのだろうと想像を膨らませたものでした。

食後のデザートとしてふだんでもよく作られるのですが、特にクリスマスや新年などパーティーの多い季節になると、テーブルに頻繁に登場するのがトライフルです。

トライフルとは「つまらないもの」という意味。

でも実際はシェリー酒をたっぷりと含んだスポンジの上に、バナナなどのフルーツ、カスタードクリーム、生クリームが順に重なり、ひとつのボウルに溶け合って複雑な味わいになるので、誰がこんな名前をつけたのか疑いたくなります。イギリスでは「トライフルスポンジ」と呼ばれるフィンガービスケットのようなものも市販されていて、それにラズベリーのジャムをはさみ、シェリー酒をひたして作るのが定番です。もちろんスポンジは手作りのものが一番ですが。

湖水地方に住むお菓子上手の友人、マーガレットさんの作るトライフルは、冬にはやわらかく煮たリンゴをスポンジの上にのせています。季節感が加わり、しかも煮たリンゴとクリームとの組み合わせが絶妙なのです。トライフルは作りたてよりも前日から作りおいて、ひと晩たったくらいのものがおいしさ抜群。スポンジがしっとりとなじんで、おいしくなるのです。時間が経つとおいしくなるこんなデザートは、前に準備しておけるのでおもてなしにも主婦の強い味方です。

マーガレットさんのお宅では、ガラスのボウルにまるで宝石箱のようにきれいに作られたトライフルがマジックのようにさっとテーブルに運ばれて、私たちは驚かされるのです。

心まで温めてくれる冬のデザートの定番

キャッスルプディング

材料（150cc入るプディング型6個分）

バター(食塩不使用)‥110g
グラニュー糖………110g
卵……………………2個
薄力粉………………85g
ベーキングパウダー……………………小さじ½
アーモンドパウダー‥30g
ココアパウダー……15g
牛乳……………大さじ1
チョコレートソース
　製菓用チョコレート…40g
　生クリーム………150cc

作り方

❶型にバター（分量外）をぬり、オーブンを180℃に温めておく。
❷ボウルにやわらかくしたバターを入れ、グラニュー糖を加えて泡立て器ですり混ぜる。さらに溶いた卵を少しずつ加え、よく混ぜる。
❸②に合わせてふるった薄力粉、ベーキングパウダー、アーモンドパウダー、ココアパウダーを加え、ゴムべらで切るように混ぜ、途中で牛乳を加えて全体を混ぜる。
❹①の型に⅔くらいまで③をスプーンで入れ、熱湯を入れたバットなどの容器におく。バットに型を全部並べたら、すべてを包むようにアルミ箔で覆い、オーブンに入れる。30分くらい、竹串で刺してみて何もついてこなくなるまで焼く。
❺小鍋に粗く刻んだチョコレートと生クリームを入れて弱火にかけ、木べらでかき混ぜながら溶かし、ソースを作る。
❻型からだしたプディングに温かいソースをかけていただく。

頭を垂れた白く可憐なスノードロップの花。まだ寒い2月に春を告げるように咲き出す

チョコレート好きにはたまらない味わい

プディングはイギリスのお菓子の中でも誰もが郷愁に誘われるもの――ママの味そのものに心を温かくしてくれる味です。

特に寒い季節には温かいプディングにママのぬくもりを重ね合わせて思い出すことも多いのでしょう。イギリスにはそんなプディングの種類がたくさん存在します。また、「プディング」という言葉には「デザートの総称」という意味もあります。「プディングはいかが?」と聞かれたら、「食後のデザートはいかが?」という意味にもなるのです。

プディングには植木鉢のようなプディング型で作るものも数多くあります。そもそもは、牧畜を営む農家で廃物利用として羊の胃袋などに詰め物をしてゆでたものをプディングと呼んでいました。

17世紀のはじめ、その胃袋が布に包んでゆでる方法にかわり、さらにその布から植木鉢のような形をした陶器の型へとかわって今も続いているのです。胃袋を使ったものではスコットランド名物ハギスが有名ですが、これはお菓子というより食事となるもの。ゆでた羊のモツのミンチに牛脂と軽く炒ったオートミールを混ぜて羊の胃袋に詰めたものを3時間ほどゆでて仕上げたものです。

また、布を使ったものではやはりスコットランドの新年のお祝いに食べるクルーティー・ダンプリングに残っています。ふきんにクリスマス・プディングに似た具を包んでゆでたものです。ボールのように丸い形にでき上がります。

陶器のプディング型は今もどこの台所にでも必ずひとつはある必需品。プディングだけでなく、ボウル代わりとしてオムレツを焼くときに卵を割って使ったり、ドレッシングを作ったりする調理道具としても便利なものです。

暗く長い冬も、年が明けると日ごとに明るくなってきて、早い春の訪れを感じさせてくれます。その使者ともいえるのがスノードロップの花。ちょうどそのころにバレンタインデーもやってきます。チョコレートを好きな人に贈る習慣のないイギリスですが、チョコレート好きは多いもの。温かいチョコレートのプディングはバレンタインデーにふさわしいデザートになるのです。今年のバレンタインデーはイギリス風にプディングはいかがでしょう。

プーの
しいパーティ
クマのプーさんえほん
8
E.H.シェパードえ
石井桃子やく

第5章

イギリスのお菓子との出会い

初めてのイギリスはホームステイから

これは幸先のよいことかもしれない

イギリス・コッツウォールド地方の小さな村にあるクック家の庭で、ミントを摘みながらそう予感していました。

イギリスへのハーブ留学の第一日目、日本から着いたばかりの私を空港まで出迎えてくれたのはクックさんでした。ちょうどその日は春のお祭りイースター、生まれたばかりの真っ白な子羊が、緑の中を跳びはねているのを夢心地で車の中から眺め、この世の中でこれほどきれいなところがあるのだろうか、と信じられない気持ちでいたのでした。

目の覚めるような真っ黄色の水仙の花が咲き乱れるクック家は、300年経つ石造りの家。奥さんのリタが、庭に面したキッチンの窓から顔をだし、手をふって出迎えてくれます。ホームステイ先へ行く前の1週間をクック家で過ごすことになっていたのです。

もう20年も前のことなのに、この光景はまぶたの奥に鮮明に焼きついています。私のイギリスへの初めての一歩がまさしくそこで踏み出されたのですから。外国に行くときは目的をもって行きたいとがんこに思い込んでいた私は、それまで日本を離れたことがなかったのです。

そのクック家での最初の夕食がラム肉にミントソースの組み合わせ。大きなラム肉のかたまりがオーブンで焼かれる間、リタは私に庭に生えているミントを摘んで来るようにいったのです。ミントは庭の片隅にパセリと一緒に茂っていました。

そのミントの葉を茎から取り、リタは包丁ではなくハサミでみじん切りにしてボウルに入れます。そこにグラニュー糖、熱湯を少量加え、あとはワインビネガーを加えて、そのソースはあっというまにでき上がってしまいました。このソースが、イギリスでは古くからラム肉にかけるソースなのだということもよくわからないうちに、いきなり作り方を習ってしまったというわけです。

そのときの私はこんなさらさらの油抜きドレッシングのような、たで酢のようなものがソースだなんて、とリタのかたわらに立ち、心の中でつぶやいたものでした。

でも、キャンデーや歯磨き粉の香りのイメージが強い、そのミントが料理のソースになること、そのことが最初の日にして大発見。これからもこうした発見にたくさん出会うに違いないという確信めいた、幸せな予感を覚えた思い出の出来事だったのです。

クック家を通して見たイギリスの暮らし

それからというもの、クック家を通して実にさまざまなことを学びました。娘のようにクック家の家族の一員として扱ってもらったおかげで、イギリスの暮らしを内側から体験するという貴重な時間が持てたのです。

食べ物がおいしくない、といわれるイギリスですが、まず最初に味わったクック家の食事でその偏見は消えてしまいました。イギリスのおいしさは家庭料理にあることを肌身で感じたのです。

朝食は手作りのパン屋さんから買ってきた全粒粉のパンのトーストに手作りのママレード。毎年1月ごろに出回るスペイン産のセビルオレンジでリタさんが1年分のママレードを作るのです。厚く切ったオレンジの皮と独特の苦みが手作りのおいしさ、カリッと薄めに焼いたトーストにバターをじゅっとしみ込ませ、その上にママレードをぬった味は紅茶で味わうといっそうのおいしさでした。本で読み知っていた「イレブンジズの習慣」も、クック家では11時ごろにお手製のビスケットでお茶を飲む習慣として実践されていました。庭仕事に忙しいクックさんにお茶とビスケットを庭まで運んで行ったこともありましたっけ。ランチはたいていい1時ごろ。パンとチーズにサラダという簡単なものですませます。イギリスのチーズ、特に青カビ入りのスティルトンはクックさんの好物、そしてリタさん好みのチェシャーのおいしさに気づいたのはこのランチのおかげです。夕食は牛レバーをソテーしたり、サーモンだったり、ハムのローストだったり……。必ず添えられるたっぷりのジャガイモがパン代わりの主食になることを知ったものでした。おもしろいことに、ジャガイモをゆでるときにもミントのひと枝をお鍋に加えてゆでるのはイギリスの家庭なら誰もがやっている隠し味。イモ臭さが取

ダイニングルームでの
クック夫妻

れてすっきりとした味にゆで上がるのです。

ジャガイモひとつの味をとっても本来の味わいがあるように、素材の味がよく、そのためにイギリスではシンプルな料理が主流だということもしだいにわかってきたことでした。

そして食後のデザート。私はリタさんのアップルパイが大好物でした。リンゴは庭のリンゴの木から採れたもの。クック家にはリンゴの木が何本もある果樹園が庭の奥にあり、食べきれないほどのリンゴが実ったものでした。そのリンゴをサクサクとした甘くないビスケット生地でパイにしたものです。このパイをいくつも一度に作っておいて、いつでも食べられるように冷凍してあるのには驚きました。それもガレージに巨大な冷凍庫があってその中にいろいろな種類の焼き菓子や庭で採れたフルーツなどが保存されているのです。

層になったパイ皮でないところも私が気に入った点。イギリスではパイといったら、たいていこのショートクラストというビスケットタイプの生地で作ったものになるのです。温めてクリームをかけたリタさんのアップルパイはおなかがいっぱいでも食べずにはいられないおいしさでした。

こうして生活している中からクック家という家庭を通して、イギリスの食文化のようなものがだんだん見えてくるようになってきたのです。探してきたお菓子の姿がイギリスの暮らしの中にあることを感じはじめていました。

お菓子との出会い

私がそもそもお菓子というものに興味を持ったのは、まだ幼稚園のことでした。

同じ幼稚園に通う仲よしの友達の家に遊びに行くと、同居をしているおばあさんがケーキを作ってくれたのです。

着せ替え人形のウエディングドレスもきれいな白のサテン地とレースで縫ってくれるようなハイカラな方でした。

まだ電動ミキサーもないころですので、道具はすり鉢とすりこぎ。やわらかくしたバターをすり鉢に入れ、砂糖をすりこぎで混ぜていくのです。その混ざり合うときのクリームのような甘いにおい。おばあさんが混ぜるすり鉢を手で支えながら、わくわくして見守っていたものでした。

焼き上がるまでも待ち遠しいこと。焼き上がったパウンドケーキは、ひとつは温かいうちにおやつとしてごちそうになり、もうひとつは帰るときにおみやげにいただきました。温かいうちにごちそうになる焼きたてのケーキの味も格別でしたが、おみやげのケーキは次の日になるとバターの味がいっそう引き立ってさらにおいしくなったのです。

「私もいつかお菓子が焼けるようになりたい」

幼心にもそう思ったのは、そのパウンドケーキを通して家庭の温かさを感じたのだと思います。家庭でお菓子を焼き、みんなで味わうそのひとときがとても幸せなことに思えたからに違いありません。

私も娘を持つ母親になってみて、そうした幸せを伝えることができたら、と心から思うのです。

イギリスのお菓子に魅せられたわけ

イギリスのお菓子に私が魅せられたのは、そんなお菓子の姿が家庭の中で受け継がれていることがわかったからかもしれません。素朴だけれども家庭の味がいちばんおいしい焼き菓子の種類が多くあること、しかも家庭でも簡単に作れるようなレシピがたくさんあるのですから。

それに加えて保存がきくのが焼き菓子の特徴ですから、毎日のお茶の時間に少しずつ楽しむことができるという実用的な面もあります。

でも私にとっていちばん大切なのは、イギリスの生活を通して知り合った友人たちがそのことをみずからの暮らしぶりから教えてくれたことなのです。お金では買えない大切なものがあることを。

そのひとりが、クックさんの妹であるアイリーンさん。バース郊外に住んでいます。初めてクックさんに連れられて訪ねたとき、不意の訪問だったため、アイリーンさんはスカーフを頭にかぶって掃除の真っ最中でした。塵ひとつなく磨き上げられた床、ぴかぴかに光った銀器が、その成果を物語るようなきちんとした暮らしぶりに感激したのもそのときです。

上：スコーンを作るアイリーンさん
下：キッチンにある食品庫

その暮らしぶりはお菓子作りにも通じていたのです。きちんと片づけられたキッチンはとてもシンプル。小さな納戸のような食品庫があるので、食器からお菓子の型、ジャガイモなどの野菜、保存食まで棚にきちんと並んで整理されていました。彼女のお菓子のおいしさの秘密はこんなところにも隠されているような気がして背筋がピンと伸びる思いがしました。

そのキッチンで焼いてくれたスコーンは今も私が憧れる味。スコーンは数えきれないほど何度も焼いているというのに、アイリーンさんは手書きのレシピノートをきちんとレシピ立てにのせ、スコーンのページを広げてから材料を量りはじめます。でもその手早さは、材料を量りはじめてから焼き上がるまで30分ほどでしょうか。とにかく手早いのです。

牛乳にレモン汁を加えて、とろりとした状態にしてから使うのもアイリーンさん流。バターミルクがあれば一番なのですが、手に入りにくいことからアイリーンさんが考えたアイデアです。

独立した3人の子どもたちが週末集まるときにはアフタヌーン・ティーを楽しむこともしばしば。お菓子はもちろんすべて手作り。サンドイッチから焼きたてのスコーン、ケーキがいろいろ並びます。古風なアイリーンさんですが、クリームで飾ったケーキは一台ごと冷凍して前もって準備をするという現代の便利さを取り入れる柔軟さも持ち合わせているのです。

エルダーフラワーシャンパン

またハーブ留学でホームステイしたジルの家では、野生に咲くエルダーフラワーを家のまわりでたくさん摘むことができました。そのエルダーを使った飲み物の作り方を近くに住む老姉妹に教わったことも懐かしい思い出です。「エルダーシャンパン」と呼んでいるので、私はてっきりアルコールの入った飲み物かと思っていました。ところが材料はその花以外には水とレモンと砂糖だけ。瓶に花と材料を入れてしばらくおいておくと、花の成分から発泡し、まるでシャンパンのような飲み物になり、夏の飲み物としてレモネードと並んで親しまれているのです。

ふわふわとした真っ白な小花が集まって一輪となるその花は、お菓子の風味づけにもなり、グーズベリーフールには欠かせないもの。グーズベリーは、緑色のちょうちんのような形をしたベリーの一種。必ず火を通して使いますが、煮るときにエルダーフラワーを一緒に煮て、風味をつけるのが昔からの習慣です。こうした昔ながらの自然を生かしたお菓子作りがいまだに受け継がれているのも魅力です。

イギリスのお菓子のおもしろさ

「イギリスのお菓子はどこで習えばよいのですか」

本を出版するようになってから、こうした質問をよく受けるようになりました。でも私としては、「はい、ここです。」というように、明確に答えることなどできません。

なんといってもイギリスのお菓子は家庭で伝え、作られてきたもの。学校で習えるものではないのが難しいところ。アイリーンさんのようなイギリスのお菓子上手にたくさん巡り会えたおかげで、私のお菓子の世界は年月をかけて少しずつ広がっていったように思います。

そしてそのお菓子がさらにはキリスト教の行事と結びついているものや、習慣と結びついたものがあることがわかり、調べることが好きな私はますますおもしろくなってきたのです。そこからお菓子が、私にとってはイギリスの文化を知る手だてにもなることがわかっていったのです。

また、以前から興味があった児童文学に描かれるお菓子が現実に存在することのおもしろさも加わりました。なにしろ私の卒論のテーマは「児童文学にあらわれる食べ物」だったのですから。思いがけずその興味がつながったというべきでしょう。

「若いみなさんにはまだわからないかもしれないけれど、卒論のテーマというものはなにかしら一生ついてまわるものなのですよ。」指導していただいた先生の言葉がやっとわかってきたようなこのごろなのです。

上：ホームステイ先の女主人、ジル
下：エルダーフラワーシャンパンを作る姉妹

生活が文化

お茶の時間はお菓子だけが問題なのではありません。その時間を楽しく、豊かに過ごすためにテーブルの整え方、雰囲気にも気を配ります。

ベリンダさんのお母さん、エイクド夫人は、祖母から譲り受けたという大切なアンティークの銀製のポットやカトラリー、ピンクの花柄が愛らしい陶器のティーセット、レースのテーブルクロスでテーブルをエレガントにしつらえて、お茶に招いてくれたことがありました。手作りのお菓子も並んだそのテーブルは、生活の中で心が華やぎ、くつろぐひとときです。

吉田健一氏は『英国に就いて』の中で「英国の銀器、金器についても言えることで、その魅力はそれがいかに高価なものであっても、普通に用いて初めてその味が出てくるところにある。」と書いています。

「生活が文化」であるイギリスでは、使われてこそ、道具の価値があるということ、アンティークのおもしろさに気づくようになったのも、道具の背景に生きた人々の歴史や文化が隠されていることを知ったからでした。それはちょうどハーブのようでもあります。ハーブのその使われた時代の生活や文化を秘めているというおもしろさにも重なるように思えたのです。

そしてアンティークとの出会いは一期一会のもの。旅先で出会うこともあれば、偶然通りかかったアンティークフェアで自分の気に入ったものに出会うかもしれません。自分がどこでそのものに出会うか、なにかとても運命的なものを感じてしまうのです。

私のアンティーク

私のアンティーク収集ではローラさんの存在なくしては語れません。最初の出会いは、ウィンブルドンのパブで毎週開かれるアンティークフェアでした。彼女はお店を持っていませんが、その品ぞろえの質の高さ、エレガントな好みにひと目惚れをして、その場でティーポットを探してくれるように頼んでしまったのです。

そのときの私はエイクド夫人のようなイギリス人の友人たちのお茶に招かれるたびに、銀の、しかもアンティークのポットが欲しくなっていたのです。

ローラさんが見つけてくれたのはビクトリア朝時代のもので、ポット、ミルク、シュガー入れの3点セット。エレガントな脚がつき、熱くならないように取っ手は木製のものです。

ローラさんのお客さんのひとりであるおばあさんがもう年齢的に必要がないと

のことで、手放したものだとのこと。アンティークではなかなか3点がそろった物は手に入れにくいということで、そのセットを買い求めることにしたのです。

ローラさん自身歴史が背後にある銀器に惹かれたというだけあって、それからというもの商品である実物を手にしながら彼女から学んだことは数多くあります。そして私のアンティーク銀器もその知識とともに少しずつ増えていったのです。

ビクトリア朝時代に有名であったバーナード社という、もはや存在しない銀製品の会社が特にティーポットを得意としていたということを知るようになったのもずいぶん経ってからのことでした。ポットのふたのつまみに花やフルーツなどを使い、形もとても優雅です。

最初のティーポットを手に入れたときにはその会社の存在すら知らなかったのが、その独特の魅力からバーナード社のポットも2つ加わりました。今では銀のティーポットは3つになり、わが家の宝物です。「銀は使っていれば黒ずまない」というのがローラさんのいつもの口癖。

やはりよいものは日常に使ってこそ、その価値があるのです。

20代で初めて出会ったイギリス、そして30代の結婚後、出産まで体験したイギリス、どちらも私の生きる道を決めてくれた滞在だったと思っています。

もしイギリスに出会うことがなかったら、私の人生もずいぶん違うものになっていたことでしょう。

ハーブを求めて出かけたイギリスでしたが、収穫はハーブだけではありませんでした。それまで私の中に見えずにあったものが、イギリスに出会うことで目に見える形で表れてきたような感じです。これからもイギリスとのかかわりを大切にしながら、さらなるイギリスを求めて歩んで行きたいと願っています。

上：アンティークを生かしたエイクド夫人のお茶のテーブル
下：バーナード社のティーポット

第6章

スコーンの人気のヒミツ

プレーンスコーンと
フルーツスコーンとチーズスコーン

焼きたての、手作りの味がいちばんおいしいティータイムの主役

プレーンスコーンとフルーツスコーンとチーズスコーン

スコーンの材料はいつでも台所にあるものばかり。手軽に焼きたてを味わえる

プレーンスコーン

材料（直径５㎝の菊型６～７個分）

バター（食塩不使用）‥50ｇ
グラニュー糖 ‥‥大さじ１
薄力粉 ‥‥‥‥‥‥‥200ｇ
ベーキングパウダー ‥‥‥‥‥‥‥‥‥小さじ２
塩 ‥‥‥‥‥‥ ひとつまみ
卵１個と牛乳を合わせて100cc（または牛乳100cc＋レモン汁小さじ１）
ジャム・クロッテド・クリーム ‥‥‥‥‥‥ 各適量

作り方

❶ボウルに薄力粉、ベーキングパウダー、塩を合わせてふるっておく。
❷１㎝角に切ったバターを加え、ナイフでさらにあずき粒大に切り込み、さらに手のひらを合わせてこすり合わせるようにしてさらさらのパン粉状にする。グラニュー糖を加える。
❸卵と牛乳をよく混ぜて加え、ひとまとめにする。台に取り出し、軽くこね、めん棒で２㎝厚さにのばし、直径５㎝の菊型で抜く。天板に並べ、上面に牛乳（分量外）をハケでぬり、あらかじめ220℃に熱したオーブンの上段で約10分焼く。焼き上がりの温かいうちに横に半分に切り、ジャムとクロッテド・クリームをのせていただく。

フルーツスコーン

作り方

好みでカラント、サルタナまたはレーズンのいずれか50ｇをプレーンスコーンの作り方②のところで加える。好みでミックスピール（オレンジピールとレモンピールを合わせたもの）30ｇを加えてもよい。シナモンとクローブを小さじ1/2ずつ合わせたものを加えても風味がよくなる。目によいといわれている乾燥ブルーベリーなどを加えると今風の味になるでしょう。

チーズスコーン

材料

プレーンスコーンの材料に加えて、マスタード粉小さじ1、塩・こしょう各小さじ1/4、チェダーチーズ50ｇ（細かくおろす）（好みでオレガノなどのハーブ小さじ1）

作り方

マスタード粉、塩、こしょうを薄力粉、ベーキングパウダーと合わせてふるっておく。チェダーチーズとハーブをプレーンスコーンの作り方②で加える。

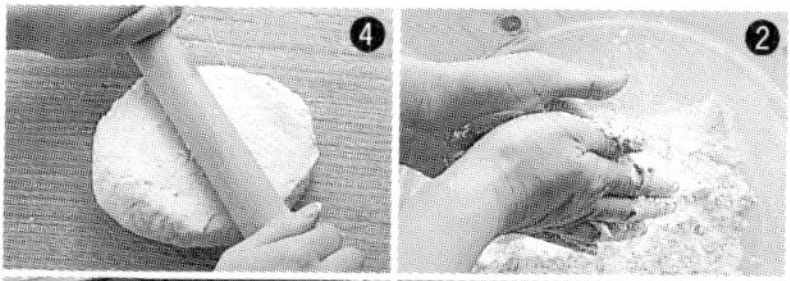

❶卵の代わりにレモン汁
❷手をすり合わせて
❸さっとひとまとめ
❹厚さ2㎝くらいにのす
❺菊型で抜いて並べる

スコーンいろいろ

母から習うお菓子

イギリスで女の子がお母さんから最初に習うお菓子——それがスコーン。材料もバター、粉、卵、ミルクといういつも台所にある身近なものばかり、特別に買いそろえる必要もありません。しかも作り方といったらナイフで混ぜるだけででてきてしまうのですから、小さい女の子でも難しいことはないというわけです。

お茶の時間に欠かせないお菓子だけに、手作りの味が母から娘へと受け継がれ、その家になくてはならないものになっていく、そんな温かい家庭の味の原型がスコーンにはあるのです。それだけに、家によって味に微妙な違いがあるのもおもしろいところです。

ロンドンに暮らしている間にもたくさんのスコーンの味に出会いました。「ブラウンズ」のようなロンドンの一流ホテルのスコーンから田舎の農家の店先での奥さん手作りの焼きたてのスコーン、友人の家でごちそうになったスコーンなどいろいろです。本場のクロッテド・クリームをたっぷりのせたスコーンが食べたくて、デボン地方まで出かけたこともありました。

スコーンに欠かせないクロッテド・クリーム

クロッテド・クリームは、別名デボンクリームまたはコーニッシュ・クリームと呼ばれるように、イギリスの南西部・デボン、コーンウォール地方で２００年以上も前から作られてきたという歴史のあるクリーム。

ジャージー牛からとれる脂肪分の高い牛乳を温めて、表面に固まってくる乳脂肪分をすくい取ったものがこのクロッテド・クリームです。英語のクロッテド(clotted)には、「凝固した」「ひだひだの」という意味があるように、糸を引くように粘りのある、こってりとしたクリームなのです。

「クリーム・ティー」はイギリスのティールームでは定番のメニュー。スコーン

マッシュポテトを練り込んだスコーン。しっとりとした食感が味わえるアイルランドのレシピ

全粒粉、リンゴ、ひまわりの種が入ったヘルシーなスコーン。自然食のレストランのレシピ

2個にクリームとストロベリージャム、それに紅茶を合わせたセットメニューのことです。アフタヌーン・ティーがサンドイッチやケーキを合わせた豪華なものに対して、このクリーム・ティーはカジュアルな日常のメニューです。デボンやコーンウォール地方でこのセットを頼むと、本場であるだけにたった2個のスコーンの器に山盛りのクロッテド・クリームが運ばれてくるのです。見た目よりもずっとあっさりとした味についつい食べすぎてしまいます。

アイリーンさんのスコーン

私のスコーンのレシピは、アイリーンさんから教わったもの。私の恩人であるクックさんの義理の妹なのですが、料理上手でお菓子上手。シュガーデコレーションの腕前はプロ級です。アイリーンさんの焼いたスコーンをごちそうになったときは、まさしく探し求めていた味に出会えた感動がありました。外はさっくり、中はしっとり、ほのかな甘さが漂う味わいが絶妙なのです。

きれい好きなアイリーンさんらしく、なにも物が出ていないすっきりと片づいた台所で、スコーンを作るその早さは目を見張ります。今でこそスコーンはフードプロセッサーで作る人も多いなかで、彼女は昔ながらに手をすり合わせるようにして、バターと粉をなじませます。アイリーンさんの手にかかると、焼き上がるまでに30分という早さ。その手際のよさ、お菓子のある暮らしぶりは私にとってそうありたいと思うお手本でもあるのです。アイリーンさんはスコーンの作り方を教えてくれたイギリスのお母さんのような存在です。

ティールームで出会ったママの味

プレーンの次にポピュラーなのが、レーズンを入れたスコーンでしょうか。古き物を大切にするお国柄でしょうか、味わいにも新しいものを求めないためか、プレーンな生地のスコーンにいたずらにいろいろと味を加えるようなことはしません。

コッツウォールド地方の小さな村、ブロックリーのティールームで出会ったお菓子は、シンプルなスコーン風の生地をお菓子に仕立てたものでした。

スパイスで風味をつけたリンゴとレーズンをシンプルなスコーン風の生地で包み、ケーキのように丸く焼き上げてあるのです。さっくりとしたスコーンの生地としっとりとしたリンゴの組み合わせが不思議なおいしさ、初めての味わいでした。アップルパイ好きの私にとっては、好みの組み合わせだったのです。

スコーン生地の材料で焼くリンゴのお菓子

コッツウォールドアップルケーキ

材料（18cmの丸型1個分）

バター（食塩不使用）‥100g
グラニュー糖 ………100g
卵 ……………………1個
薄力粉 ………………200g
ベーキングパウダー
……………………小さじ1
シナモン ………小さじ1
クローブ ………小さじ½
リンゴのいちょう切り
……………………200g
サルタナまたはレーズン
……………………50g

作り方

❶型にバター（分量外）を薄くぬり、オーブンは180℃に温めておく。鍋にバターを入れて溶かし、粗熱を取る。そこによく溶きほぐした卵を加えて、混ぜ、グラニュー糖、薄力粉とベーキングパウダーを合わせ、ふるって加える。

❷ボウルに皮をむいていちょう切りにしたリンゴ、サルタナ、スパイス類を加えて全体をよくまぶす。

❸型の底に¾量の生地を手を使って押さえつけるように敷き込む。その上に②を平均にのせ、残りの生地を広げるようにのせる。

❹オーブンの中段に入れて、40分くらい焼く。型のまま冷ましてだす。生クリームやアイスクリームを添えるといっそうおいしい。

鍋でバターを溶かし粗熱を取り、卵を混ぜ、薄力粉と砂糖を加えへらで混ぜる

型に生地を敷き、リンゴだねをのせ、残りの生地で覆うように手でのばす

第7章

イギリスの友人たちとのティータイム

エリザベスさんの
レモンカード・
ビクトリアサンドイッチ
スコティッシュ・ショートブレッド

テラスルームが続く明るいキッチンでスコーン作りの秘訣を聞く。直接教わるのが一番

レモンの酸味とスポンジケーキの甘みがほどよい味わいのビクトリアサンドイッチ

＊お菓子の作り方は186〜187ページです。

母譲りのお皿に盛られたショートブレッド。サクサクとした歯ざわり

母譲りのスコーンが自慢

ジョージア王朝時代の建築が、町を囲む丘に段々になって建てられた景色、そのやや黄色みを帯びた明るい色調が、夕日に照らされたときの美しさ――バースは大好きな町のひとつです。

その憧れの丘の上の、華麗な家に住んでいるのが、エリザベスさん。同じバースに住む昔からの友人ウイリアムズ氏が紹介してくれたお菓子上手のひとりです。「女どうしで気軽におしゃべりしたくなると、私はアフタヌーン・ティーに友人たちを誘うのよ」と、エリザベスさん。お茶の時間なら食事を用意するほど手間もかからず、気楽に集まれるということなのです。お菓子は前日に焼いておけるものばかり。当日はサンドイッチだけ作ればよいわけですから、忙しい主婦でも、少し時間のやりくりをすれば、午後の時間に友人を招いて自分の時間が持てるというわけです。

イギリスの主婦は、いくら準備が必要でも家に人を招き、ティールームなどに集まることはほとんどありません。あくまでも家が基本というライフスタイルは徹底しているのです。

そのアフタヌーン・ティーのメニューは、キュウリのサンドイッチ、ケーキ一品、ビスケット一品、スコーン、チョコレートフィンガーを用意するのがエリザベスさん流。なかでもスコーンは薄力粉で作ったものと、全粒粉で作った黒いものと2種類用意するのが特徴です。

「私のスコーンは母譲りなの」と彼女。バターとラードを合わせて使い、硬めの焼き上がりがやはり昔風。台所においてある古い手書きのレシピノートにすべてお母さんからのレシピが記されています。

家庭ならではの味をごちそうになれるのも、家でのアフタヌーン・ティーだからこその楽しみであり、幸せです。

アフタヌーン・ティーでは、紅茶のサービスも女主人の役目

チョコレートケーキは
イギリス人なら誰もが
好きなお菓子。見た目
よりもしつこくない

ジャネットさんの
チョコレート・ビクトリアサンドイッチ
スコティッシュ・パンケーキ

＊お菓子の作り方は188〜189ページです。

ドロップスコーン、スコティッシュ・パンケーキと呼ばれるスコットランド生まれのお菓子

大きな暖炉が家族の団欒を象徴するダイニングルーム。大きなテーブルが心地よい

アスコット村のファームハウスのお菓子

ジャネットさんはアスコットファームの奥さん。

そのファームは、コッツウォールド地方の小さな、小さな村、アスコット村にあります。

初めてイギリスに留学したときからお世話になっている、イギリスの両親ともいうべきクック夫妻がこの村に住んでいたので、私もクック家を訪れるたびにいつしかこの村の住人たちとも親しくなっていました。

ジャネットさんとも、そんなご近所づきあいから親しくなったひとりです。

クック家の前にはどこまでも続く牧場が広がり、羊がのんびりと草を食《は》む景色がまるで絵のようでしたが、そこもジャネットさんのご主人の所有。赤ら顔のいかにも人のよさそうなご主人が、夕方になると羊の様子を見に来るところによく出会いました。羊のほかにも菜種などを栽培する典型的な農家です。

「ここに嫁いで来る前は、妹とふたりでティールームを開いていたのよ」とジャネットさん。その言葉にお菓子上手なこともうなずけました。

今では息子さんたちも大きくなり、大きなファームハウスを生かして「B&B」と呼ばれる朝食つき民宿を張りきって賄っています。大きくなってもご主人や息子さんたちのためにお茶の時間のケーキは欠かすことはありません。なにしろ外で働くご主人は、お茶の時間を楽しみに家に戻ってくるのですから。

「私の作るお菓子は母からもらったこの本に全部出ているのよ」

それはボロボロになった粉会社がだしているお菓子のレシピが詰まった小冊子でした。粉を買うとその袋に応募方法が出ていて、お金を送ると交換にもらえるレシピの本です。見たことはなかったけれど、その内容の豊富さに驚き、私もその本が欲しくなってしまいました。ジャネットさんと同じく、粉を買って送ってもらったその本は今も手元で役立っています。

コッツウォールド地方の小さな村、アスコットファームでB＆Bを営むジャネットさん。若いときにはティールームを開いていただけあって、お菓子作りの腕は見事

↑お茶の時間の古典的なお菓子、ブランデー・スナップス
→秘蔵のヘレンド製のティーセット。ポットのつまみが愛らしいバラの花
←パンをくりぬいて作ったサンドイッチなどセンスが光るお茶のテーブル

＊お菓子の作り方は190ページです。

ベリンダさんの ブランデー・スナップス

センスが光るお茶のテーブル

ベリンダさんは今どこにいるのでしょう。最後に会ったときはこれからカリブ海へと旅立つところでした。料理の腕が買われてお金持ちのヨットに料理係として雇われた、と喜んで行ってしまってから、何の連絡もないのですから。

「お茶の時間のテーブルは、優しくエレガントにすることが大切なの」と、いっていたベリンダさん。船の上でも優雅なお茶の時間をアレンジしているのでしょうか。

彼女は穏やかな午後のひとときのためには、お菓子だけでなく、テーブルの上の演出にも心を配らなければならないことを教えてくれました。

ベリンダさんが用意してくれたお茶のセッティングは、蝶や花模様が愛らしく描かれたヘレンドのティーセットが中心。高価なものなので大切にひとつずつ買いそろえたとのことですが、食器もお茶の時間にはごちそうのひとつ。食器によってお茶の味も、満足感もすべてが違ってくるような気がします。ナプキンにはバラの花を添えて、ラフィア（藁《わら》）でとめるというアイデアにも彼女のセンスが光ります。お茶の時間が心を和ませる愛らしいものでなくては、という気持ちからの心づかいです。彼女のような友人は招かれるたびに新しい刺激を与えてくれるので、なくてはならない存在だったのです。

料理やお菓子作り、そのうえインテリアまでセンス抜群の彼女。画廊に勤めたあと趣味が高じてケータリングの仕事にかわり、それから船に乗ってしまいました。一見、やり手のお姉さん風ですが、古いものを大切にする古風なところが彼女の魅力です。お菓子も昔から愛されてきたものを自分の手でていねいに作ることを大切にしています。お母さんとも親しくしていますが、お母さんも同じタイプ。彼女を見ていると、こうして味は受け継がれていくのだな、と実感します。

ポットのつまみのバラに合わせて真っ白なティーナプキンにバラを一輪添えて。ラフィアがおしゃれ

マーガレットさんの
リンゴとデーツのタルト

お茶を楽しむあずまやも造られた階段状の庭。
花々があふれ、心が和む、憩いの場所

↑別名カンバーランド・ラムニッキーと呼ばれる湖水地方の伝統菓子
←お天気のよい日は庭でお茶を楽しむ。庭も部屋の延長
＊お菓子の作り方は191ページです。

湖水地方に伝わる伝統的なお菓子

マーガレットさんは私が主婦の鑑として尊敬する友人。ご主人のマルコムさんは、娘が「ひげのおじさん」と呼び親しんでいますが、公認ブルーバッジガイドとして湖水地方の山歩きや観光案内に毎日忙しくしています。

このふたりと知り合うことができたのは2年に一度開かれる「ビアトリクス・ポター学会」でのことでした。ピーターラビットをはじめ20数冊の絵本を残したポターは湖水地方で後半生を過ごしたのですが、マルコムさんは仕事柄、ポターのことに前から興味を持っていたとのこと。お互いにその年が初めての参加だったのもご縁ですが、「自宅のハーブガーデンを見にきませんか」といううれしいお誘いからおつきあいが始まりました。

突然の訪問だったというのにお茶のテーブルにはお手製のフラップジャックがさっと出てきて驚きました。甘いものが好きなマルコムさんのために手作りのお菓子を欠かしたことがないとのことですから、マーガレットさんにとってはこれが日常のことなのです。ポットには茶系のプリント地で作ったパッチワークのポットカバーがかぶせてあります。ほんのお茶の時間のひとこまにも毎日のていねいな暮らしぶりが感じられ、居心地のよい、温かい気分になったほどです。

ふたりの家は16世紀に建てられた古い農家ですが、買い取った当時のボロボロの状態から十数年かけてマルコムさんが改装してきたものです。その改築は家だけにはとどまりません。ただの斜面をブルドーザーで掘り起こし、ひとつひとつ石を積み、階段状の庭に造りなおしたのです。ドアのいちばん近い場所に料理やお菓子によく使うハーブが植わった手入れの行き届いたハーブガーデンも作られているのです。マルコムさんが家を造り、その中を調えるのがマーガレットさん。お菓子も庭もインテリアもていねいに整った暮らしがごくあたりまえのこと、すべてが日常なのです。

マーガレットさんの暮らしぶりには会うたびに刺激を受ける。主婦のお手本のような存在

湖水地方の地名から付けられたボロデール・ティーブレッド

↑お菓子作りもにこやかに楽しむご主人のジョンさん。手ぎわのよさはさすがにプロ
↓湖水地方・カートメルという町が発祥の地といわれるスティッキー・トフィープディング

ウィリアムズさんの
ボロデール・ティーブレッド
スティッキー・トフィープディング

＊お菓子の作り方は192～193ページです。

カントリーホテルで習う湖水地方の味

ニア・ソーリー村で必ず泊まることに決めているホテルがイースワイク荘。エスウェイト湖を見下ろす丘に立つ白い建物です。ここは、ポター一家がニア・ソーリー村で初めて過ごす避暑のために借りた家でした。また47歳で地元の弁護士と結婚したポターは、新居であるキャッスル・コッテージが整うまでの間、この家を仮住まいとして借りていました。ですから、ひそかなポターゆかりの場所といえるわけです。

湖としては小さいながらも緑に囲まれ、きらきらと日差しに輝くエスウェイト湖は、湖水地方の湖の中で、ポターがいちばん美しいと賞賛し、愛した場所。『ジェレミー・フィッシャーどんのおはなし』の舞台にもなっている湖です。

このイースワイク荘で私が大好きなのは、ダイニングルームからの眺め。特に夕焼けに染まっていくエスウェイト湖を眺めながら、また朝日に輝くエスウェイト湖を眺めながらの食事の時間は、この世のものとは思えぬ美しさ。いつまでも変わらないピーターラビットのお話の世界そのものです。

このイースワイク荘を賄っていたのはウィリアムズ夫妻。陽気で快活な奥さんのマーガレットさんと家庭料理が自慢の穏やかなご主人ジョンさん、年老いた牧羊犬が、8部屋しかないこのホテルのオーナー。昨年（2003年）、このホテルを手放してしまったとのことで、驚くと同時に残念でたまりません。

ふたりがいなくなったイースワイク荘は想像するだけで寂しくなりますが、そこで過ごした時間は永久に私の心の中に生きつづけます。

あのキッチンで、この地方ならではのお菓子をジョンさんから習ったことも今では思い出になってしまいました。温かいジョンさんの人柄そのままのような、湖水地方に伝わる素朴なお菓子の味は、ジョンさんの手書きのレシピとともに私の宝物です。

エスウェイト湖の眺めがすばらしいイースワイク荘。ポターもこの眺めを楽しんだに違いない

庭先での子ども中心のお茶会。フラップジャック、チョコレートケーキなど子どもの大好きなお菓子ばかり。セッティングも愛らしく

＊お菓子の作り方は194～195ページです。

子どもでもパーティーのマナーは
きちんと守って楽しむのが礼儀

クレアさんの
フラップジャックス
トラディショナル・
トリークルタルト

小さくてもパーティーへの意
気込みが衣装にも表れて

ちびっ子たちに人気のお菓子

クレアさんは産前教室で知り合った友人のひとり。料理もお菓子作りも得意な彼女は、子どもが生まれる前からケータリングの仕事をしてきました。個人の家でも日常的にパーティーを開くイギリスでは、料理やデザート一式を出前してくれるケータリングの仕事は需要が大きいのです。バイタリティーにあふれ、食に多大な興味を寄せる彼女にはぴったりの仕事のようです。

産前教室というのは、NCT（National Childbirth Trust）の活動のひとつ。地域に住む同じ産み月の妊婦を10人を1グループとして、助産婦さんの自宅で講習を受けるというものです。イギリスでも出産までは共働きをする若い女性が多く、いざ出産ということになると、自宅のまわりに知り合いもいないというのが現実です。そういう女性たちの味方となるのがこのNCTという組織。出産の知識を得ることも大事ですが、そこでの仲間作りも教室に参加することの大きな目的になっているのです。出産後も赤ちゃんとふたりで自宅に閉じこもりきり、育児ノイローゼに陥らないように、組織ぐるみ、地域ぐるみで母親を応援しているというわけです。

個人主義と思われがちなイギリス社会ですが、その裏返しとしてひとりの個人として気持ちよく生きるために、人のつながりも大切にするという大人の社会がこうした組織にも表れているように思えるのです。

外国での初めての出産であった私にとっても、このNCTのメンバーたちとの出会いには助けられました。週1回は持ち回りでそれぞれの家での子連れお茶会を開き、マグカップ片手にケーキを食べながら子育てのことや情報を交換。また子どもの一歳の誕生日には10家族で公園でのバースデーパーティー、クリスマスには子どもを夫に預けて母親だけで食事に出かけたり、と楽しい思い出がたくさんできました。出産を通して新しい世界に出会えたことが幸せに思えるのです。

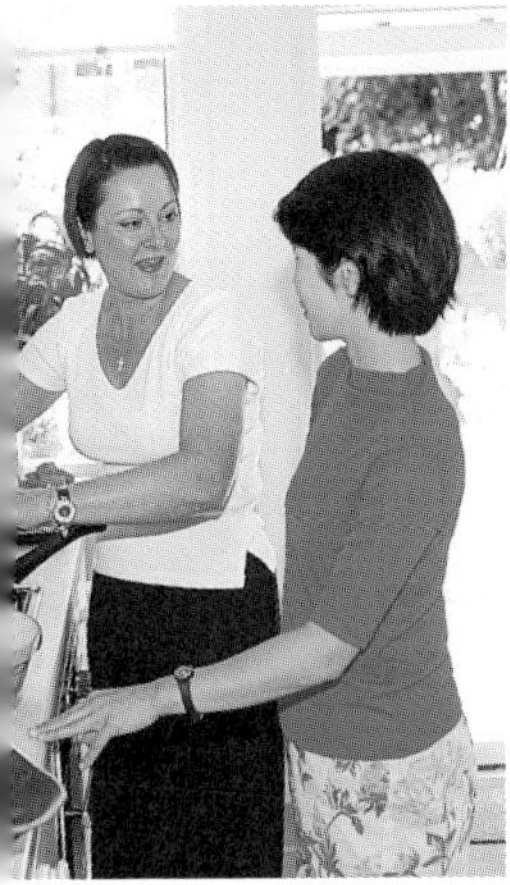

子どもたちが遊ぶ庭に通じる明るいキッチンでお菓子作り。部屋の一部のような庭がうらやましい

第8章

旅で出会ったティールームのお菓子

古きよき甘さが薫る老舗、ニューエンズ

キューガーデンの道すがら出会った店

キューガーデンの目の前にあるこのティールーム、初めてこの店に入ったのは15年も前のことです。当時私はハーブの勉強を目的としてイギリスに滞在中。その日も王立植物園であるキューガーデンの「クィーンズ・ガーデン」と呼ばれるハーブガーデンの見学、そしてそのガーデンを監修した研究員に会うために駅からの道を急いでいました。そのときです。どこからともなく漂ってくる香ばしいにおいに気がついたのは。そしてその香りが赤いレンガ屋根の古めかしい建物から漂ってくることがわかったのです。通りすぎようとしながらふと出窓風のガラスの中をのぞくと、そこはまるでお菓子の家。ヘンゼルとグレーテルのようにお菓子の数々が形も色合いもさまざまに並んでいるのに驚き、その中にとりわけ太字で書かれた札のついたお菓子があることに目が留まりました。

そのお菓子こそ「メイズ・オブ・オナー」。こんがりときつね色に焼けたパイ、なぜこのお菓子だけ特別に名前をかかげてひときわ目立たせているのか、その謎

解きをしたい一心でティールームの扉を押していました。

パイ皮で包まれたチーズのお菓子

薬剤師さんのような白いうわっぱりを着たおばさんが忙しそうに働く店内。一時代昔にタイムトリップをしたような、古めかしさが漂う雰囲気。お目当てのメイズ・オブ・オナーは、染め付けのようなブルーのお皿にのって運ばれてきました。フォークをさっくりと入れると、まわりは軽いパイ、中央はしっとりとやわらか。ひと口ほおばるとその部分は卵の混じったチーズケーキのようなまろやかな味わいです。

ヘンリー8世の城がキューの隣リッチモンドにあり、侍女たちがこのケーキを食べているのを見たヘンリー8世が最初に名づけたというお菓子だったのです。その侍女のひとりアン・ブーリンが後に王妃になります。王自身もその味を大変気に入り、レシピがもれぬよう鉄の箱に入れて鍵をかけていたとのこと。そのレシピが18世紀の始めにリッチモンドのパン屋さんに渡され、宮廷の外に広まったのです。その店で徒弟として働いていたニューエンズの息子さんが今の店を開いたのが100年以上も昔。4代目のピーターさんが秘密の味を受け継いでいます。

ニューエンズ

ロンドン郊外にあり、馬車の時代から秘密の味を守りつづける老舗中の老舗

はるか昔からイギリス人に愛され、ここだけでしか食べられない「メイズ・オブ・オナー」

王立植物園・キューガーデンの近くに建つ石造りのかわいいティールーム「ニューエンズ」

4代目のご主人ピーターさんも毎日老舗の味を守るため店に立つ

「NEWENS」288KEW ROAD,KEW GARDENS, SURREY TW9 3DU ☎020·8940·2752

サリー・ラン

「太陽と月」の売り声で
300年も昔から売られていた
パンの一種・バンズ

バースの裏道・ノースパレードパッセージにある店。出窓にもバンズが愛らしく飾られて

メニューは甘味と塩味に分かれ、選んだトッピングを横半分に切ったバンズにのせる

1680年に初めて作られ、バースの町で売り歩かれていたというサリー・ラン

「Sally Lunn's」4North Parade Passage Bath, BA11NX, Avon ☎01255・461634

湖水地方ニア・ソーリー村はポターの世界

聞こえるのはチチッ、チチと甲高く響く小鳥のさえずり。まるで時が止まったかのような静けさが流れるニア・ソーリー村。この村に惹かれて私は幾度訪れたことでしょう。大小100あまりの湖が点在する国立公園、湖水地方。その中で隠れ里のようにひそかに息づくこの村が一躍有名になってしまったのはヒル・トップ農場のためでした。そこは『ピーターラビットのおはなし』をはじめとする20数冊の絵本を世に送り出したビアトリクス・ポターが後半生を過ごした場所としてナショナル・トラストによりそのままに残されているのです。

「私はインヴェント（想像で作り出す）できない、コピー（写す）をする」

その彼女の言葉どおり、ニア・ソーリー村には絵本の絵そのままの場所が見つかります。ポターは身近にある場所や物を正確にスケッチし、それを絵本の中に生かしているのです。

お話の世界で楽しむお茶の時間

パブのタワーバンクアームズは『あひるにジマイマのおはなし』、その隣の民宿バックルイートは『パイがふたつあったおはなし』というぐあいに小さなこの村にあるほとんどの場所が絵本に登場するのを自分の目で確かめるおもしろさは格別です。『ひげのサムエルのおはなし』に登場するバレイショさんは、ハイグリーンゲートの実在の住人だったとのこと。ヒルトップからの道を鍛冶屋横丁に曲がったところにある白い建物ですが、今ではB&Bというイギリスならではの民宿になっています。現在の女主人ジュリアンさんはお菓子上手。この夏も湖水地方に滞在したときジュリアンさんが野生のブラックベリーを摘んでいるのに出会いましたが、きっとお菓子作りに使うためだったのでしょう。家族で泊まったときはおいしい夕食をだしてくれました。ホテルとは違う家庭の味がうれしいのです。

ジュリアンさんはお茶の時間には「クリームティー」の手書きの看板を表にだし、庭先でティールームを開きます。基本はスコーンとクリーム、ストロベリージャムにたっぷりの紅茶というクリームティーのメニューですが、その日によって焼きたてのお手製ケーキも味わえるのが魅力。のどかな庭先でいただくお茶の時間に100年も昔のポターの時代がよみがえってくるようです。

伝統的なイギリスのお菓子ばかり
がずらりと並ぶ

「High Green Gate Guest House」 Near Sawrey Ambleside Cumbria LA22 OLF ☎015394・36296

ハイグリーンゲート・ゲストハウス

ポターの絵本の世界で味わうホームメイドの味

お菓子上手の女主人、ジュリアンさん。ひとりでB&Bからお菓子作りまでこなす

焼きたてのスコーンがご自慢。湖水地方ではクリームは通常生クリームをホイップしたもの

家の前に広がる芝生の庭で、自分の家のようにくつろいで

クマのプーさんの森で

ロンドンから車を走らせること約1時間、そこはもう田園風景が広がるプーの森の世界。

そう、この場所こそがプーさんの住む「魔法の森」、アッシュダウン・フォレストなのです。ウィンブルドンに住んでいたときから、散歩がてらよく訪れていたせいで、わが家にとってはすっかり親しみのある場所になっています。

『くまのプーさん』の作者A．A．ミルンはロンドンに住んでいましたが、この地に別荘を持ちました。そして、週末や夏休みを過ごしたその別荘付近の自然の中に遊ぶ幼い息子クリストファー・ロビンと彼のおもちゃのぬいぐるみを、物語の中に織り込んでいったのです。

乳母車で初めてこの森を訪れた娘も大きくなり、プーさんのお話を読んで「プー投げ橋」に行くのを心待ちにする年齢になりました。

「早く行こう」とせがむ娘をなだめ、まずは森の入り口の小さな村、ハートフィールドにある「プーコーナー」の店に向かいます。この店はプーグッズの専門店ですが、かつては幼いクリストファー・ロビンがキャンデーを買いに来ていたという駄菓子屋さんだったとのこと。「クリストファー・ロビンのあめ玉」と書かれた黒と白の縞模様のミントキャンデーこそがそれで、ディズニーのプーさんグッズがあふれる店の中で、唯一当時の光景を思い起こさせてくれるものです。

プー投げ橋には駐車場から牧場の中のフットパスを歩いて15分ほど。挿絵そのままのプー投げ橋ではプーの気持ちそのままに遊ぶ子どもの姿が絶えません。娘も途中で集めてきた枝を橋の片側から小川に投げ、反対側へ行ってのぞき込むというプー投げ遊びを始めていました。

そのプーの森の中にある、プー好きにはたまらないホテルがアッシュダウンパークホテル。広大な庭にすむ野生の鹿やウサギたちが出迎えてくれる夢のようなところです。娘は「ウサギのホテル」と呼び、わが家のお気に入りのホテルとなっています。広々とした緑の庭を目の前に、テラスのテーブルでのアフタヌーン・ティーこそ、幸せな気持ちにしてくれるものはありません。フレンドリーな従業員たちの心のこもったサービスとも合わさり、物語の主人公になったような気分になってしまいます。

シャロウベイホテル

湖水地方のはずれ、静かなアルズウォーター湖畔に建つ優雅なホテル

1840年に建てられた、石造りの小さなお城のようなホテル。湖水地方でも高級ホテルのひとつ

クラシックなインテリア。アフタヌーン・ティーはこのダイニングルームで

静かなアルズウォーター湖を眺めながらのアフタヌーン・ティーは優雅な雰囲気

「Sharrow Bay Country House Hotel」
Lake Ullswater Penrith Cumbria
CA102LZ ☎017684・86301

アッシュダウンパークホテル

プーさんの森の中に建つ気品あふれるホテル

→森の眺めも美しい、お姫様のような気分にしてくれる部屋。新しく屋内プールや離れの部屋もできた

→きちんとしたサービスからもホテルの風格が感じられて

↓３段重ねに盛られたアフタヌーン・ティーのお菓子

お城のような重厚な雰囲気の建物。結婚式もできる教会もあり、庭ではオペラも上演される

「Ashdown Park Hotel」Wych Cross Nr.Forest Row East Sussex RH18 5JR ☎01342・824988

田舎のティールームに行ってみよう

お菓子のおいしいティールームでお茶を楽しみたい、という食いしん坊の気持ちから、出かける前の「事前調査」は欠かせません。

今では休刊になってしまっている「Egon Ronay's」のガイドブックや「Tea Council」のガイドブックやホームページ（http://www.tea.co.uk）など、行き先の付近でめぼしい場所をいくつか探してから出かけるのがいつものことです。

また雑誌などでティールームの記事が出ていれば必ずスクラップに保存します。

そうして出かけて行った先で、書かれた住所を頼りにお目当てのティールームを探しているうちに、思わぬおまけがついてきたこともありました。

コッツウォールド地方では観光客がめったに行かないような村を偶然通り、美しい眺めを楽しんだり、ティールームを目ざして行った村で偶然にもハーブガーデンがあることを知ったり、いろいろとうれしい副産物の恩恵もあったのです。

ファームでのお茶

けれども下調べをしたティールームが見つからず、偶然通りかかったところに入ったらそこが大当たりだったということもよくあることです。

「マナーコートファーム」もそんな場所のひとつ。プーさんの森からいちばん近い大きな町、タンブリッジウェルズ。その町にある、以前取材で入ったティールームが忘れられず、もう一度訪ねたいのですがどうしても見つけることができません。そこで仕方なくあきらめて、町を離れ、田舎の道を走っていたときのこと。クリームティーの看板が出ている農家に出くわしたのです。それがこのファームだったというわけです。

鶏やアヒルが駆け回る庭先に木のテーブルが置かれ、そこが屋外ティールーム。お菓子上手な奥さんが週末だけ開くティールームですが、本当の家庭の味が楽しめるのが大きな魅力です。しかもこのファームではアーガというオーブンでスコーンが焼かれていました。アーガには高熱と低熱のオーブンが分かれてあり、それぞれ扉がついています。高温でしかも短時間で焼くスコーンは高熱のオーブンに入れるわけですが、焼き上がりの味がすばらしいのです。それは普通のガスや電気オーブンではだすことのできない独特の味わいなのです。アーガで焼いたスコーンの味……私が憧れる、昔ながらの家庭の味がそこにありました。

マナーコートファーム

鶏やアヒルに囲まれて楽しむ、農家の庭先でのティータイム

←アーガのオーブンから焼きたてのスコーンが。1日に100個以上焼き上げるとか

→スコーンのほかフルーツケーキ（左）ビクトリアサンドイッチ(右)のケーキも

「クリームティーズ」という手書きの看板が目印。車からは見逃してしまいそう

青空のもと、鶏やアヒルと遊びながらピクニック気分で子どもも楽しめるお茶の時間がここにある

街角のティールーム

出窓の席から
行き交う人々を眺めながらの
お茶も楽しい

ブラックベリー入りの温かいアップルパイにクリームがとろけるひと皿。ほのぼのとしたやさしい味わい

↑コッツウォールド地方、ストウ・オン・ザ・ウォールドの広場に面したティールーム、アン・ウィロー

食べる前には写真を撮るのが私の習慣。お客さんの注目を浴びることもしばしば

焼きたてのパンが並んだキッチンで。ここにもアーガのオーブンが

「Manor Court Farm」Ashurst Tunbridge Wells Kent ☎01892・740279

誰もがゆったりとした午後のお茶の時間を慈しむように過ごす

第9章

友人たちのお菓子レシピ

スコティッシュ・ショートブレッド

卵の入らないサクサクした歯ざわりがおいしさ

材料（約12枚分）

バター(食塩不使用)…150g
グラニュー糖 ………75g
薄力粉 ……………150g
上新粉 ……………75g
粉砂糖 ……………適量

作り方

❶オーブンは160℃に温めておく。ボウルに室温にもどしたバターを入れ、泡立て器でクリーム状にしたところにグラニュー糖を加えてすり混ぜる。薄力粉と上新粉を合わせてふるって入れ、ゴムべらで切るようにして混ぜ、ひとまとめにする。

❷厚さ5㎜にのし、直径6㎝の菊型で抜き取る。天板に並べ、表面にフォークで穴をあけ、オーブンの下段に入れて20分ほど焼く。焼き上がったらケーキクーラーなどにのせて冷まし、仕上げに粉砂糖をふる。

レモンカード・ビクトリアサンドイッチ

作りおきできるレモンカードの酸味が生きる

材料

（直径20cmの丸型１個分）

バター（食塩不使用）・グラニュー糖・薄力粉 ……各150g
ベーキングパウダー ……小さじ１½
卵 ……３個
粉砂糖 ……適量
レモンカード
グラニュー糖 ……75g
卵 ……大２個
レモン ……大１個
バター（食塩不使用） ……50g

作り方

❶オーブンは180℃に温めておく。型にはバター（分量外）をぬっておく。
❷ボウルに室温にもどしたバターを入れ、グラニュー糖を加えて泡立て器でふわふわになるまですり混ぜる。割りほぐした卵を少しずつ加えて混ぜる。
❸薄力粉とベーキングパウダーを合わせてふるって加え、ゴムべらで切るように混ぜる。
❹型に流し入れ、オーブンの中段に入れて40～50分焼く。竹串を刺してみて何もついてこなければ型からだして、ケーキクーラーなどにのせて冷ます。
❺４等分になるように横にスライスをして、いちばん上になるスポンジを除いた３枚にレモンカードをたっぷりと平らにぬり、元どおりに重ね、上に粉砂糖をふりかけて仕上げる。

レモンカードの作り方

❶レモンの皮をすりおろし、汁を絞っておく。
❷ボウルにレモン汁と卵を入れて泡立て器でよく混ぜ、グラニュー糖とレモンの皮を加える。
❸小さく切ったバターを加え、やや煮立った湯を張った鍋で湯せんにかける。
❹約20分くらい絶えずかき混ぜながらもったりとしてくるまで湯せんにかける。でき上がったら、密閉容器などに入れて保存する。

ほのかな甘みがやさしい味わい

スコティッシュ・パンケーキ

材料（約12枚分）

薄力粉 ……………… 100g
ベーキングパウダー
……………… 小さじ1½
塩 ……………… 小さじ¼
バター（食塩不使用） … 15g
グラニュー糖 ……… 50g
卵 ……………………… 1個
牛乳 ……… 大さじ5〜6
レモン汁 …………… 少々
仕上げ用バター（食塩不使用）
…………………… 適量

作り方

❶ボウルに薄力粉とベーキングパウダー、塩を合わせてふるい入れる。
❷冷蔵庫からだしたてのバターをナイフで小さく刻み、①に加え、手のひらを合わせるようにしてすり合わせ、さらさらのパン粉状にする。グラニュー糖を加える。
❸卵を溶きほぐし、牛乳と混ぜ合わせ、レモン汁も加える（フライパンに流したときに流れ出さないような堅さに牛乳で調節する）。
❹よく熱したフライパンにサラダ油を薄くひき、大さじ1杯分のたねを小判形になるように流し、両面をこんがりと焼く。冷めないようにふきんなどに包み、バターを薄くぬって盛りつける。

←溶きほぐしたものに牛乳をよく混ぜ、レモンの絞り汁を加えておく
↓よく熱し、油を薄くひいたフライパンにたねを流し込み、両面をこんがり焼く

バタークリームがこっくりとしたおいしさ

チョコレート・ビクトリアサンドイッチ

明るい光の入る気持ちのいいキッチンでお菓子を作るジャネットさん

材料（20cmの丸型１個分）

バター（食塩不使用）……150ｇ
グラニュー糖 ………50ｇ
卵 ……………………３個
薄力粉 ……………100ｇ
ベーキングパウダー
……………小さじ１½
ココア ………………25ｇ

チョコレートバタークリーム
バター（食塩不使用）…150ｇ
粉砂糖 ……………200ｇ
ミルクチョコレート
（溶かす）…………75ｇ
飾り用の削りチョコレート・
クルミ …………各適量

作り方

❶オーブンは180℃に温めておく。型にはバター（分量外）をぬっておく。ボウルにバターを入れ、グラニュー糖を加えて泡立て器でふわふわになるまですり混ぜる。溶いた卵を少しずつ加えてよく混ぜる。
❷薄力粉、ベーキングパウダー、ココアを合わせてふるい入れ、ゴムべらでさっくりと切るように混ぜる。
❸用意した型に入れ、オーブンの中段で約50分焼く。竹串を刺してみて何もついてこなければでき上がり。型からだし、ケーキクーラーなどにのせて冷ます。
❹バタークリームを作る。材料のすべてをボウルに入れ、泡立て器でよくすり混ぜる。③のケーキは２枚にスライスする。下になる１枚のケーキにクリームの半量をぬり、もう１枚のケーキをのせる。その上に残りの半量のクリームをぬり、フォークで筋目をつけて飾りにする。仕上げにクルミ、削ったチョコレートで飾る。

ブランデー・スナップス

パリッとしたクッキーにクリームの組み合わせ

材料（14本分）

バター（食塩不使用）…25g
グラニュー糖………65g
ゴールデンシロップ（またははちみつ）…・大さじ1½
薄力粉………………25g
粉末ジンジャー …小さじ1
生クリーム ………300cc

作り方

❶オーブンは150℃に温め、天板2枚にはバター（分量外）をぬるか、またはベーキングシートを敷く。
❷ボウルにバター、グラニュー糖、シロップを合わせ、泡立て器ですり混ぜる。薄力粉とジンジャーを合わせてふるったものを加えて混ぜ、ひとまとめにする。
❸粉を手につけながら14等分にまるめ、間隔をあけて天板に並べる（焼いている間に広がるので、十分間隔をあける）。
❹オーブンの中段に入れ、10〜12分茶色に色づくまで焼く。焼けたら少し冷まし、パレットナイフではがし、料理用の木のスプーンの柄などに巻きつけてそのまま5〜10分おいて棒状にし、木のスプーンをはずす。
❺泡立てた生クリームを絞り出し袋に詰め、④の中に絞り出してでき上がり。

←ロンドン暮らしのときにお母さんを通じて知り合いに。明るく知的でセンスのいいベリンダさんはケータリングの世界で活躍

りんごとデーツのタルト

湖水地方に受け継がれているアップルパイ

材料(23cmのタルト型1個分)

ショートクラストペストリー		フィリング	
薄力粉	300g	リンゴ(紅玉がよい)	4個
塩	ひとつまみ	デーツ	250g
バター(食塩不使用)	150g	レモンの絞り汁	½個
グラニュー糖	50g	グラニュー糖	30g
冷水	大さじ3～4	生クリーム・粉砂糖	各適量

作り方

❶ボウルに薄力粉と塩を合わせてふるい入れ、バターを加えて粉をまぶしながらナイフで細かく刻み、さらに手のひらをすり合わせるようにしてすり混ぜ、さらさらの状態にする。冷水を加えてひとまとめにして、ラップ材に包み、冷蔵庫で最低30分ねかせる。

❷3㎜くらいの厚さにのし、タルト型に敷く。残った生地はまとめて冷蔵庫で冷やしておく。

❸ペストリーを敷いた型にベーキングペーパーを敷き、その上に敷石をのせて膨らまないようにして空焼きする。あらかじめ190℃に温めておいたオーブンで10～15分焼く。粗熱を取ってからベーキングペーパーと敷石を取り除く。

❹フィリングを作る。リンゴは皮をむき、ナイフでスライスしながら鍋に入れる。種を取ったデーツを刻んで加える。グラニュー糖、レモン汁を加え、火にかけ、12～15分くらい煮くずれるまで火を通す。粗熱を取ってから③の空焼きしたタルト型に流し入れる。残った生地を3㎜厚さにのしてから1cm幅の帯状に切り、両端を持ってひねりながら上に格子状にのせ、両端は水をつけたハケでくっつける。

❺190℃のオーブンに入れ、上に飾ったペストリーがこんがりと茶色に色づくまで焼く。

❻冷ましてから型からはずし、上に粉砂糖をふる。温かいうちでも冷たくなっても生クリームをかけるとおいしい。

マーガレットさんの機能的なキッチンで

ボロデール・ティーブレッド

紅茶につけたドライフルーツがしっとり感をだす

材料（900ｇのパウンド型１個分）

ドライフルーツ(レーズン、オレンジピール、レモンピールなど) ……………… 450ｇ
紅茶 ………………… 275cc
ブラウンシュガー …175ｇ
卵 …………………… 大１個
バター(食塩不使用) …………… 25ｇ（溶かす）
薄力粉 …………… 275ｇ
ベーキングパウダー …………………小さじ２
重曹 …………… 小さじ½
酒石英(クリーム・オブ・ターター) ………………… 小さじ½

作り方

❶ドライフルーツを熱い紅茶にひと晩ひたす。
❷オーブンは180℃に温めておく。型にバター(分量外)を薄くぬって、薄力粉(分量外)をまぶしておく。
❸紅茶にひたしたドライフルーツの中にブラウンシュガー、卵を溶いたもの、溶かしたバターを加え、よく混ぜる。
❹薄力粉とベーキングパウダー、重曹、酒石英を合わせてよくふるったものを加えてよく混ぜる。
❺型に流し入れ、あらかじめ温めておいたオーブンで約１〜１時間15分、竹串を刺して何もついてこなくなるまで焼く。粗熱を取って型からだし、金網にのせて冷ます。
＊酒石英（クリーム・オブ・ターター）はふくらし粉の一種。

←２つのお菓子の下ごしらえを20分ですますウィリアムズさん。さすがプロ
↓たっぷりバターをぬるのが湖水地方特有の食べ方

スティッキー・トフィープディング

温かいできたてをクリームをかけて食べたい

材料（24×30cmの角型1個分）

バター（食塩不使用）……60 g
ブラウンシュガー ‥180 g
卵 …………… 大2個
薄力粉 ………… 180 g
ベーキングパウダー……小さじ1½
重曹 ………… 小さじ1
デーツ ……180g（種を除き、粗く刻む）
ソース
水 ……………… 275cc
生クリーム ……… 140cc
ブラウンシュガー …60 g
バター（食塩不使用）…60 g
モラセス ……… 大さじ1
はちみつ ……… 大さじ1

作り方

❶鍋にデーツ、水を入れて沸騰させ、火から下ろして重曹を加える。粗熱を取る。オーブンを180℃に温めておく。型には薄くバター（分量外）をぬり、薄力粉（分量外）をまぶしておく。

❷ボウルにバターをクリーム状にし、ブラウンシュガーを加えて泡立て器でよくすり混ぜる。卵をよく溶いて少しずつ加え、薄力粉とベーキングパウダーを合わせてよくふるったものを加える。①のデーツを水分ごと加える。そのため、たねはかなりゆるい。

❸型に②を流し入れ、あらかじめ温めておいたオーブンで約50〜55分、竹串を刺して何もついてこなくなるまで焼く。

❹焼いている間にソースを作る。鍋に材料をすべて入れ、弱火でかき混ぜながら溶かす。ソースの⅓量程度をプディングの焼き上がる2分くらい前に上から注ぎ、オーブンに戻して焼き上げる。

❺焼けたら熱いうちに切り分け、温かいソースをかけていただく。アイスクリームを添えるとプディングの甘さとなじんでおいしい。

フラップジャックス

オートミールが入った香ばしいクッキー

←いつも明るいクレアさん
↓イギリスの子どもたちが大好きなフラップジャックスやトリークルタルトはどれも国民的人気のお菓子

材料（32cm×23cmの天板1個分）

バター（食塩不使用）…175g
ブラウンシュガー ….150g
ゴールデンシロップ（またははちみつ）…大さじ6
オートミール ………500g

作り方

❶オーブンを180℃に温めておく。
❷フッ素樹脂加工の鍋にバター、ブラウンシュガー、ゴールデンシロップを入れて弱火にかけ、沸騰させないように絶えずかき混ぜながら溶かす。
❸火から下ろし、オートミールを加える。
❹型に薄くバター（分量外）をぬり、②を平らになるように型全体に広げる。
❺あらかじめ温めておいたオーブンに入れ、約10分こんがりと焦げ目がつくまで焼く。
❻20等分になるように切り込みを入れ、粗熱が取れてから型からだす。

パンを使うのがおもしろい、昔ながらのママの味

トラディショナル・トリークルタルト

材料（21cmのタルト型1個分）

ショートクラストペストリー（98ページのロイヤルミンスパイで作った、ショートクラストペストリーと同じ材料、作り方のもの）

全粒粉入りのパン……100g（パン粉状に細かくする）

レモンの絞り汁…小さじ1

ゴールデンシロップ（またははちみつ）….350g

作り方

❶オーブンを190℃に温めておく。

❷ショートクラストペストリーを3㎜くらいの厚さにのし、型に敷く。

❸パンを細かくしたものを②の型の底全体に押しつけないように、ふんわり広げる。その上にレモン汁をふりかける。

❹ゴールデンシロップをパンの上に注ぐ。このとき絶対に混ぜないこと。タルトを焼くとパンがシロップを吸ってなじんでくる。

❺残りの生地を同様にのし、細い帯状に切って、タルトの上に格子になるようにおく。

❻あらかじめ温めておいたオーブンに入れ、約25分焼く。温かいうちでも、冷めてもどちらでもクリームをかけるとおいしい。

←プーさんにちなんだはちみつをたっぷり使ったトリークルタルト
→ショートクラストペストリー生地の上に、ゴールデンシロップかはちみつをこんなにたっぷりかける

紅茶をもっとおいしく楽しむために

紅茶に温めたミルクは禁物

「ミルクは絶対に温めてはいけないのよ」

クック家で、紅茶に入れるためにミルクを小鍋で温めていると、リタさんから叱られてしまいました。

「エッ、どうして？」

私はとっさに聞き返しました。

間違ったことをしているとは思えないのに、どうしてそういわれたのかさえわからなかったのです。

日本ではホテルやティールームなど、きちんとしたところで紅茶を注文すると、温かいミルクが必ず添えられるではありませんか。わが家でもお客さまに紅茶をだすときにはミルクを温めていました。ですから、私としてはきちんと紅茶を飲むためには、紅茶が冷めないようにミルクは必ず温めなければいけないものだと信じ込んでいたのです。

「ミルクを温めると、紅茶ににおいがついてしまうでしょう」というのが、リタさんの答え。私としては気を利かせたつもりが、とんだ裏目に出てしまったというわけです。確かに温めたミルクはモワッとした牛乳のにおいが強くなることは確かです。コーヒーだとそれ自体の香り、味が強いので逆にミルクが引き立てるのでしょうが、紅茶はやわらかい香り、その味わいを楽しむだけにミルクはそのまま使うというわけです。それからというもの、注意して見ていると、一流のホテルでも紅茶に温めたミルクが添えられることがないことがわかりました。コーヒーのみに温めたミルクが添えられるのです。

ミルクが先、紅茶が先？

イギリス人の家庭でお茶をごちそうになるとき、「ミルクはこれくらいでいい？」とよく聞かれます。カップにあらかじめミルクを入れてから紅茶をその上に注ぐことがほとんどですから、その前に自分の好きなミルクの量を聞かれるのです。

紅茶といえばミルクというお国柄、カップにお茶を入れてあとからミルクを入れるか、先にミルクを入れてからお茶を注ぐかは大切なポイントです。ミルクの入れ方で味も違うというのです。

なぜ先にミルクを入れるのか、その理由として、「熱いお茶をいきなり注ぐとひびが入るほどの薄手の上等なカップを使っていることを示すため」というような階級にからんだものとか「ミルクを先に入れたほうが紅茶が冷めないから」というような実利的なことがよくいわれます。

クック家でもミルクを必ず先にカップに入れてから紅茶を注いでいました。私も今では必ずミルクを先に入れるのが習慣になってしまいましたが、確かにミルクの上から紅茶を注ぐと、それだけでミルクはよく混ざりますし、実際に後からミルクを入れるより紅茶が冷めないように感じるのです。

ところが、作家ジョージ・オーウェルは、『一杯のおいしい紅茶』（1946年発表）というエッセーのなかで、「大きいカップに濃いめのお茶をたっぷり注ぎ、後からミルクを入れるのがいちばんおいしい、濃いお茶の一杯は薄いお茶の20杯にまさる」と力説しています。さあ、あなたはミルクが先派でしょうか、それとも後派でしょうか。ちなみにアールグレイやラプサンスーチョンなどの中国茶にはミルクを入れないのが普通のようです。

ミルクを最初に入れたのは誰か

１６８０年にフランスのサブリエール夫人（詩人の妻）が用いるまでミルクは紅茶に使われていなかったそうですが、記録の上では１６５５年にオランダの東インド会社が中国に送った使節に同行した旅行家ヤン・ノイホフの手記に表れているといいます。砂糖は初期から甘みをつけるために使われていたとのこと。

それではお茶自体いつから飲まれるようになったのでしょうか？　オランダ船が中国に進出したのは１６０１年、中国のお茶を最初にマカオで買い付けしたのが１６１０年で、これが最初にヨーロッパに茶が運ばれた最初の公式記録となっているものです。イギリスに公式に初めて茶を伝えたのはやはりオランダからでした。けれどもここでいう茶は緑茶のことで、紅茶がそれに代わるのは１７５０年ごろからで、朝食にお茶を飲む習慣がヨーロッパの一部で始まっていたのです。ただし、緑茶も紅茶も「お茶の木」はひとつ、製法によって分かれることはあまり知られていないのではないでしょうか。

緑茶は摘んだ葉を蒸し、紅茶は蒸さないことが根本的な違いで、紅茶は乾燥させて発酵させることから「発酵茶」の分類に入るものです。

日本に茶が伝わったのは593年ごろ聖徳太子の時代に中国からの仏教の僧によって茶の木が運ばれてから栽培が始まったといいますから、茶の歴史ではヨーロッパより1000年も先取りしていたことになるのです。

お茶の木を栽培しないイギリスのロンドンが世界の紅茶の本場になっているのは伝統的にロンドンの商人は世界各地から茶を買い入れ、それを各自の店でブレンドして特徴をだしているためとのこと。かの有名なリプトンも初代トマス・リプトンが独特のブレンドを作り出したことで、名を成したといわれているのです。

アフタヌーン・ティー

午後のお茶、アフタヌーン・ティーを広めたのは7代目ベッドフォード公爵夫人アンナ（1788〜1861）であるというのはよく知られています。昼食と夕食との間の空腹しのぎに始めた風習が上流社会に広まり、さらには家庭、ホテルにまで普及したというものです。

ロンドンのホテルでのアフタヌーン・ティーを選ぶなら、私のお気に入りはブラウンズホテル。ロンドンの真ん中にありながら、一歩ホテルに踏み入れると、そこは郊外のマナーハウスにでもいるような、クラシックな落ち着いた空間が広がっています。大きなソファがゆったりと置かれ、焼きたてのスコーンやケーキはどれも小ぶりで食べやすく作られています。もちろん味はいうまでもありません。食器はウェッジウッドの「アン・ハサウェイのバラ」、今では作られていない柄ですが、微妙なピンク系のバラの色が美しいのです。このホテルはかのアガサ・クリスティーが定宿としていたとのことで、作品のひとつ『バートラム・ホテルにて』のアフタヌーン・ティーの場面はここがモデルだといわれています。

ミス・マープルが注文するのがキャラウェイシードを焼き込んだシードケーキ。シードケーキはお茶のケーキとしては古典的とはいえ、今もなお健在です。

イギリス人なら誰でもこのホテルのように毎日3段重ねに載ったお菓子を食べながらお茶を飲んでいるように思いがちですが、ふだんはマグカップにビスケットをつまむ程度。けれども一日の句読点のようにお茶を飲む習慣に変わりありません。お茶も高級な物ではなく、スーパーで売っている紅茶やティーバッグが主流です。1904年アメリカで発明されたティーバッグ——イギリスでのティーバッグは日本のようにひとつずつの糸もなく、袋も3倍くらいの大きさはあります。やはり紅茶は必ずポットでいれるというお国柄がここにも表れているのです。

粉と砂糖と卵で……

『TANTO』での一回目のイギリス取材はまだ結婚してまもないころ、ウィンブルドンにはるばる日本から来ていただいてのものでした。

イギリスの、しかも自分のキッチンでのお菓子作りは私の長年の夢でしたから、そのときの撮影は夢のようにうれしいことでした。

粉と砂糖と卵というどこの家庭でもある材料で、しかも特別な技術も必要とせずに作れるのがイギリスのお菓子の魅力です。ですからそれぞれの材料の質というものがとても大切になるのです。

特に小麦粉はイギリスのものは粗く精製されているので、スコーンやクッキーを作ったときに独特のボソッとした感じに焼き上がります。残念ながら、日本の粉はきめ細かく精製されているため生地が詰まった感じになり、焼き上がりが違ってしまいます。イギリスにはあらかじめベーキングパウダーが入ったセルフレイジングと呼ばれる便利な粉もあり、スコーンなどの焼き菓子にはこの粉を使うことも多いのです。

イギリスに旅行に行かれたら、スーパーマーケットをのぞいてみることをおすすめします。製菓材料が充実していること、粉や砂糖の種類の多さに驚くことでしょう。そしてもし、イギリスの知り合いの家などでその粉を使ってお菓子を作る機会がありましたら、ぜひその粉でスコーンを作ってみてください。

その味が再現できるように、日本でもイギリスのような粗挽きの粉を作ってくださる会社があれば、と心から願う今日このごろです。

イギリス取材から連載、そしてこの本の企画、編集まで何年にもわたり担当していただいた北浦さんにたいへんお世話になりました。この場をお借りしてお礼を申し上げます。そしてカメラマンの奥谷さんにはやはり連載、イギリス取材、本にするための追加撮影まで一貫して撮っていただけたのはとてもうれしいことでした。いつも楽しくお仕事をさせていただけたのは、おふたりのおかげと感謝しています。そしてスタイリストの久保原さん、イギリスの現地コーディネーターの野原さんにお礼を申し上げます。この本のページに登場するイギリスの友人たちにもありがとうの気持ちでいっぱいです。

北野佐久子

2004年1月

集英社be《ビィ》文庫 既刊本

今さらながらの和食修業
阿川佐和子 料理指導／野口日出子
魚のおろし方から天ぷらの揚げ方までアガワの和食挑戦記。読んで楽しい、作って美味しい、エッセイ&レシピ集。

正直な作り手の味
浜 美枝
全国1200もの農山漁村を訪ね歩き、筆者自身の舌で味わって選びぬいた珠玉の美味しいもの取り寄せ便。作り手が見えるのがうれしい。

はなのとっておきスウィーツBOOK
はな
はな流アメリカンスウィーツのレシピを一挙公開！簡単でヘルシーなお菓子は、見て感激、食べて納得。いい香りとともに幸せな気分を運んでくる。

変えられます！恋する女の強運・凶運
エミール・シェラザード
いい恋したい、ステキな結婚したいという願いを叶えるために、何をすべき？ 35の恋愛シーン別に運を味方につける方法に迫る。

愛しの筋腫ちゃん
横森理香
子宮筋腫と向き合い、漢方や気功など、あの手この手でなだめながら6年間。「前より体調良好」の体験を克明に綴ったエッセイ。

アベちゃんの~~悲~~喜劇
阿部 寛
容姿にも才能にも運にもめぐまれた男性は逆に不幸だ！ モデルから役者として第一線で活躍するようになるまでの告白的エッセイ。

パワーをあ・げ・る！永順直伝 韓国風ごはん
高橋永順
フラワー・アーチストとして知られる著者が、実母から受け継いだ、韓国風家庭料理。野菜たっぷりのピリ辛メニューは、健康美肌に効果大。

きょうも女優ごはん
水野真紀
ロケで外食続きだったり、ライトを浴びたりなど、肌や体を酷使することも多い女優という職業。そんな環境でも、キレイをキープする食生活を公開。

賢いオッパイ
桃井かおり
少女のころの思い出から、仕事、家族、男友達、そして遺言状まで。刺激的な素顔とホンネが、全40編にちりばめられた、魅惑的エッセイ。

ちいさい旅 みーつけた
俵 万智
北海道から沖縄まで、数え切れないほどの、人やモノ、美味、風景との出会い。美しい写真とともにきわめられた「俵流ニッポンの旅」！

親父の出番
鳥越俊太郎
多発する青少年の犯罪に見え隠れする、危うい親子関係。10代の性と子供の心の闇、揺らぐ親たちにズバリ切り込む鳥越流父親論。書き下ろし。

京都がくれた「小さな生活」。
麻生圭子
手作りのものに囲まれて、丁寧な暮らしを育んでいる京都で見つけた「おいしい」もの、「旬」のもの、「地」のもの。小さな贅沢をお届けします。書き下ろし。

LOVERS' BEACH
増島 実
蒼い海、白金の砂、揺れる椰子、息を呑むほど美しい写真で紹介するアジアンビーチ。まだ人に知られていない新楽園&ホテルの最新情報満載。

懐かしいごちそう 新しいごちそう
小林カツ代
本当のごちそうは、心して素材と向き合い、火に向き合って作ったものです。カレーも肉じゃがもその心意気でぜんぜん違った味になります。

恋愛少女漫画家
一条ゆかり
少女漫画界の女王の生い立ちから、仕事、恋愛まで。常にトップの座を占め続けてきた原動力や恋愛を成就させる極意を綴った初の自叙伝。書き下ろし。

初めての山野草
腰本文子　小幡英典
山野草は、自然への水先案内人。足もとの小さな花にも里山のお花畑にも素敵なドラマが秘められています。散歩のお供にプチ図鑑を！

大満足！温泉名人が選ぶ宿
be文庫編集部編
集英社の4大女性誌LEE、コスモポリタン、メイプル、BAILAで活躍中のライター5名が太鼓判を押した、女性が満足できる温泉の宿。

私にも出来た いくつかの事
―フランスにて―
加藤紀子
フランス語の学校に通いながら、楽しいこともあり、文化の違いで悩んだこともあった2年間の留学生活の日々を綴った書き下ろしエッセイ。

この人に会うと元気になれる！
大竹しのぶ
瀬戸内寂聴さん、美輪明宏さん、中村勘九郎さん、久本雅美さん……。12人の「特別な人たち」との、涙あり、笑いありの超感激対談集。

この顔でよかった！
伊東四朗
最後の〝喜劇役者〟が初めてみせる素顔……。駆け出し時代から現在までの、テレビ、舞台、CMなどの爆笑裏話や、ユニークな交友関係が満載。

中原淳一の幸せな食卓
昭和を彩る料理と歳事記
中原淳一
画家、編集者として雑誌「それいゆ」「ひまわり」で一世を風靡した中原淳一のイラスト。戦後の少女たちの憧れだった暮らしや料理など、懐かしい魅力が蘇る。

HAPPYを攻略せよ
千秋
芸能界入り。念願のCDデビュー。そして出産。たくさんの夢を叶えてきた著者が仕事、結婚生活、恋愛、妊娠について自身の体験を綴る。初の書き下ろし。

イギリス的「優雅な貧乏暮らし」の楽しみ
吉谷桂子／吉谷博光
人気デザイナーがロンドンで魅せられた、目からウロコの「眺めの良い」生活。オシャレで賢い料理、イス、茶碗、庭、シャツ等、不況の日本にも効きます！

きたの　さくこ●
東京都出身。立教大学文学部英米文学科卒業。日本人で初めて英国ハーブソサエティーの会員となり、渡英。ハーブ園にホームステイしながら、ハーブの文献などを収集し、研究にいそしむ。同時に、イギリスの家庭料理や紅茶とお菓子に目覚め、イギリス食文化研究も深める。帰国後、講演や書籍出版などで、ハーブの使い方やイギリスの料理やティータイムのお菓子を紹介。1993年、結婚と同時に再渡英し、イギリスのさまざまな情報を発信。女の子のママとなった後に'97年に帰国し、イギリス文化を紹介する。お菓子作りは今田美奈子氏に師事し、現在は講師としても活躍。著書に『美しいイギリスの田舎を歩く！』『幸福なイギリスの田舎暮らしをたずねて』（ともに集英社）など。

イギリスのお菓子《かし》 楽《たの》しいティータイムめぐり
著者　北野佐久子
発行日　2004年 1月25日　第1刷発行
　　　　2012年11月24日　第4刷発行

発行者　石渡孝子
発行所　株式会社　集英社
　　　　〒101-8050　東京都千代田区一ツ橋2-5-10
　　　　（編集部）　03(3230)6250
電　話　（販売部）　03(3230)6393
　　　　（読者係）　03(3230)6080
印　刷　凸版印刷株式会社
製　本　凸版印刷株式会社

 ISBN4-08-650054-X
定価はカバーに表示してあります。